プリント形式のリアル過去問で本番の臨場感！

大阪府

大阪教育大学附属中学校 天王寺

2025年春 受験用

解答集

本書は，実物をなるべくそのままに，プリント形式で年度ごとに収録しています。
問題用紙を教科別に分けて使うことができるので，本番さながらの演習ができます。

■ 収録内容

・解答集（この冊子です）

　　書籍ID番号，この問題集の使い方，最新年度実物データ，リアル過去問の活用，

　　解答例と解説，ご使用にあたってのお願い・ご注意，お問い合わせ

・2024(令和6)年度 ～ 2019(平成31)年度　学力検査問題

JN132031

〇は収録あり	年度	'24	'23	'22	'21	'20	'19
■ 問題収録		〇	〇	〇	〇	〇	〇
■ 解答用紙		〇	〇	〇	〇	〇	〇
■ 配点							

全教科に解説
があります

注)問題文等非掲載:2024年度国語の一，2022年度検査Ⅲの2

問題文などの非掲載につきまして

　著作権上の都合により，本書に収録している過去入試問題の本文や図表の一部を掲載しておりません。ご不便をおかけし，誠に申し訳ございません。

　本文の一部を掲載できなかったことによる国語の演習不足を補うため，論説文および小説文の演習問題のダウンロード付録があります。弊社ウェブサイトから書籍ID番号を入力してご利用ください。

　なお，問題の量，形式，難易度などの傾向が，実際の入試問題と一致しない場合があります。

教英出版

■ 書籍ID番号

入試に役立つダウンロード付録や学校情報などを随時更新して掲載しています。
教英出版ウェブサイトの「ご購入者様のページ」画面で，書籍ID番号を入力してご利用ください。

書籍ID番号　**101129**　

（有効期限：2025年9月30日まで）

【入試に役立つダウンロード付録】
「要点のまとめ（国語／算数）」
「課題作文演習」ほか

■ この問題集の使い方

年度ごとにプリント形式で収録しています。針を外して教科ごとに分けて使用します。①片側，②中央
のどちらかでとじてありますので，下図を参考に，問題用紙と解答用紙に分けて準備をしましょう（解答
用紙がない場合もあります）。

針を外すときは，けがをしないように十分注意してください。また，針を外すと紛失しやすくなります
ので気をつけましょう。

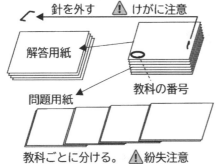

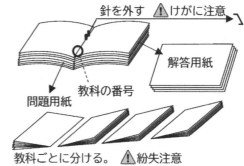

※教科数が上図と異なる場合があります。
　解答用紙がない場合や，問題と一体になっている場合があります。
　教科の番号は，教科ごとに分けるときの参考にしてください。

■ 最新年度 実物データ

実物をなるべくそのままに編集していますが，収録の都合上，実際の試験問題とは異なる場合があります。実物のサイズ，様式は右表で確認してください。

問題用紙	Ｂ４片面プリント（国・算・検査Ⅲ：書込み式）
解答用紙	Ｂ４片面プリント（検査Ⅰ・Ⅱ）

リアル過去問の活用

~リアル過去問なら入試本番で力を発揮することができる~

🌸 本番を体験しよう！

問題用紙の形式（縦向き / 横向き），問題の配置や余白など，実物に近い紙面構成なので本番の臨場感が味わえます。まずはパラパラとめくって眺めてみてください。「これが志望校の入試問題なんだ！」と思えば入試に向けて気持ちが高まることでしょう。

🌸 入試を知ろう！

同じ教科の過去数年分の問題紙面を並べて，見比べてみましょう。

① 問題の量

毎年同じ大問数か，年によって違うのか，また全体の問題量はどのくらいか知っておきましょう。どのくらいのスピードで解けば時間内に終わるのか，大問ひとつにかけられる時間を計算してみましょう。

② 出題分野

よく出題されている分野とそうでない分野を見つけましょう。同じような問題が過去にも出題されていることに気がつくはずです。

③ 出題順序

得意な分野が毎年同じ大問番号で出題されていると分かれば，本番で取りこぼさないように先回りして解答することができるでしょう。

④ 解答方法

記述式か選択式か（マークシートか），見ておきましょう。記述式なら，単位まで書く必要があるかどうか，文字数はどのくらいかなど，細かいところまでチェックしておきましょう。計算過程を書く必要があるかどうかも重要です。

⑤ 問題の難易度

必ず正解したい基本問題，条件や指示の読み間違いといったケアレスミスに気をつけたい問題，後回しにしたほうがいい問題などをチェックしておきましょう。

🌸 問題を解こう！

志望校の入試傾向をつかんだら，問題を何度も解いていきましょう。ほかにも問題文の独特な言いまわしや，その学校独自の答え方を発見できることもあるでしょう。オリンピックや環境問題など，話題になった出来事を毎年出題する学校だと分かれば，日頃のニュースの見かたも変わってきます。

こうして志望校の入試傾向を知り対策を立てることこそが，過去問を解く最大の理由なのです。

🌸 実力を知ろう！

過去問を解くにあたって，得点はそれほど重要ではありません。大切なのは，志望校の過去問演習を通して，苦手な教科，苦手な分野を知ることです。苦手な教科，分野が分かったら，教科書や参考書に戻って重点的に学習する時間をつくりましょう。今の自分の実力を知れば，入試本番までの勉強の道すじが見えてきます。

🌸 試験に慣れよう！

入試では時間配分も重要です。本番で時間が足りなくなってあわてないように，リアル過去問で実戦演習をして，時間配分や出題パターンに慣れておきましょう。教科ごとに気持ちを切り替える練習もしておきましょう。

🌸 心を整えよう！

入試は誰でも緊張するものです。入試前日になったら，演習をやり尽くしたリアル過去問の表紙を眺めてみましょう。問題の内容を見る必要はもうありません。どんな形式だったかな？受験番号や氏名はどこに書くのかな？…ほんの少し見ておくだけでも，志望校の入試に向けて心の準備が整うことでしょう。

そして入試本番では，見慣れた問題紙面が緊張した心を落ち着かせてくれるはずです。

※まれに入試形式を変更する学校もありますが，条件はほかの受験生も同じです。心を整えてあせらずに問題に取りかかりましょう。

――――――――― 《国 語》 ―――――――――

一 1．ア　　2．数えている　　3．エ　　4．①イ　②生き物　③ユキエさんは電話機を使って発信や通話をすることを言っていて、テツヤさんは電話機のことを言っているよ

二 ①一本道　　②博覧会　　③値千金　　④合衆国　　⑤演劇部　　⑥生半可

三 〈作文のポイント〉

・最初に自分の主張、立場を明確に決め、その内容に沿って書いていく。

・わかりやすい表現を心がける。自信のない表現や漢字は使わない。

さらにくわしい作文の書き方・作文例はこちら！→https://kyoei-syuppan.net/mobile/files/sakupo.html

――――――――― 《算 数》 ―――――――――

1 (1) 3　　(2) 10113

2 7

3 1500

4 (1)ア．45　イ．90　ウ．45　　(2) 11.4

5 (1) 8　　(2) 11.2

6 (1) 2人，4人，6人　　(2) 5.4

――――――――― 《検査Ⅰ》 ―――――――――

1 (1)①右図　②エ
③右図
(2) 41000
(3)記号…B
理由…発芽に必要な
３つの条件は，適当
な温度，空気，水である。温度と空気の条件については A と B でちがいはないが，とう水性が低い B のシートの方が雨水などがしみこみにくくなり，発芽しにくくなるから。

1(1)①の図

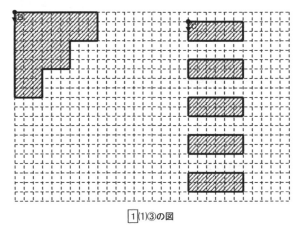

1(1)③の図

(4)①右図　②支点から竹づつの左はしまでの長さが短くなるようにする。
(5)温度計に日光が直接当たらないようにする。／風通しのよい場所ではかる。／地面から 1.2～1.5m の高さではかる。　　(6)赤色　　(7)ア

1(4)①の図

[1] (1)福井県→岐阜県→三重県　(2)郷土料理　(3)①ウ

②ブルーギル…イ　コクチバス…ウ　チャネルキャットフィッシュ…ア

(4)朝日　理由…白鬚神社は琵琶湖の西側の湖岸にあり，湖岸から湖中大鳥居を

見るには東を向く必要がある。よって，図2の太陽は東の地平線から出てきた

直後だと考えられるから，朝日である。　(5)イ

(6)①右グラフ　②A. 空気　B. 重ね着　(7)①A．ウ　B．ア　C．イ

D．エ　②富岡製糸場　③返しぬい　(8)エ　(9)イ

長浜

年平均気温　　14.4℃
年降水量　　1631 mm

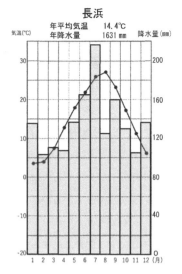

[2] (1)津波避難ビル　(2)方角…南　理由…津波到達までの3分間，南に走り続け

れば約400m移動することができ，津波浸水想定区域やバッファゾーンを抜ける

ことができるから。　(3)フィリピン海プレートがユーラシアプレートの下に

しずみこむと，その境目にひずみがちくせきし，ユーラシアプレートが元にも

どろうとしてはね上がることで海水が持ち上げられて

[1] (1)イ，エ，オ

(2)①[A]は2分休符で2拍休み，[B]は全休符で4拍，

つまり1小節休み。　②23　③右図

(3)①満25歳以上のすべての男子　②天皇制の変革や

私有財産制の否定の動きを取り締まる法律。

(4)ＳＤＧｓ

[2] (1)①X. 青森県　Y. 静岡県

②ウ　③勾玉

(2)けいれんした心臓の動きを

正常に戻す

(3)①右図　②ばれん

[2](3)①の図

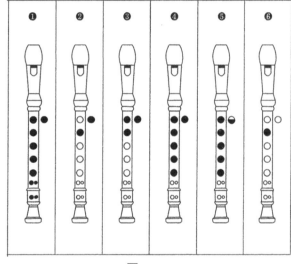

[1](2)③の図

[3] (1)①イ　②イ　(2)①ノルマントン号事件　②イギリス人の船長と乗組員は脱出したが，日本人の乗客は全員水死

した事件で，領事裁判権によって船長らが軽い刑にしか問われなかったことに日本国民は不満を持ち，より強く，

政府に不平等条約改正を求めるようになった。

[4] (1)黄熱病　(2)①ア　②エ　③ユニバーサルデザイン

━━《2024 国語 解説》━━

一 著作権上の都合により文章を掲載しておりませんので、解説も掲載しておりません。ご不便をおかけし、誠に申し訳ございません。

三 「？」という記号は、疑問文で使われるので、二十年後の自分は、何かをたずねたり問いかけたりしていると考えられる。それは、「元気でやっているか？」という軽い雑談やあいさつのようなものかもしれない。あるいは、二十年後の自分は、重大な決断をすることをせまられていて、昔の自分の意見を聞きたいのかもしれない。たとえば、「元気でやっているか？」という問いかけに答えるのであれば、「！」で「元気だよ」と伝えられるかもしれない。「今何がやりたいの？」という問いかけに答えるのであれば、「♪」で「音楽だよ」と答えられるかもしれない。返信できる記号は決まっているので、そこからやりとりの内容をイメージして書こう。

━━《2024 算数 解説》━━

1 (1) 【解き方】7に7を1回，2回，3回，…とくり返しかけたときの一の位の数は，9，3，1，7…となり，9，3，1，7の4つの数字をこの順にくり返す。

7に7を10回かけたときの積の一の位の数は，10÷4＝2余り2より，2回のくり返しのあと2つ目の数だから，3である。

(2) (1)の解説をふまえる。7に7を2023回かけたときの積の一の位の数は，2023÷4＝505余り3より，505回のくり返しのあと3つ目の数だから，1である。したがって，求める和は，（9＋3＋1＋7）×505＋9＋3＋1＝**10113**

2 【解き方】4と5の最小公倍数は20だから，4人がけを20÷4＝5（台）増やし，5人がけを20÷5＝4（台）減らしても，座れる人数の合計は変わらない。

144÷5＝28余り4より，4人がけを1台，5人がけを28台用意すれば144人分の座席ができる。ここから4人がけを5台ずつ増やし，5人がけを4台ずつ減らせばよいので，（4人がけの台数，5人がけの台数）＝（1，28）（6，24）(11，20)(16，16)(21，12)(26，8)(31，4)の**7通り**の組み合わせ方がある。

3 【解き方】AとBからそれぞれ同じ量の水を使ったので，2つの容器に入っている水の量の差は変わらない。

AとBにはじめに注いだ水の量の比は2：5であり，150mLずつ水を使うと，水の量の比が1：3になる。水を使う前後で，2つの容器の水の量の差は変わらないので，比の数の差を5－2＝3と3－1＝2の最小公倍数6にそろえると，水を使う前は（2×2）：（5×2）＝4：10，水を使った後は（1×3）：（3×3）＝3：9となる。このとき，比の数の4－3＝1が150mLにあたるから，はじめにBに注いだ水の量は，$150×\frac{10}{1}=1500$（mL）

4 (1) ADは円の直径であり，Fは半円の曲線部分にある点だから，角イ＝**90°**である。三角形ABFと三角形FCDは合同なので，AF＝FDより，三角形AFDは直角二等辺三角形である。よって，角ア＝角ウ＝**45°**

(2) 【解き方】半円の中心をOとする。OAの長さは求められないが，三角形AFDが直角二等辺三角形であることを利用し，OA×OAの値を求める。

（台形ABCDの面積）＝（2＋6）×8÷2＝32（㎠），（三角形ABFの面積）＝（三角形FCDの面積）＝6×2÷2＝6（㎠）だから，（三角形AFDの面積）＝32－6×2＝**20**（㎠）である。

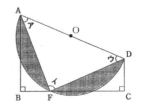

次に，AD＝OA×2であり，AFを1辺に持つ正方形の面積を考えると，ADはこの正方形の対角線だから，

AD×AD÷2＝20×2　　（OA×2）×（OA×2）＝80　　OA×OA＝20 と求められる。

したがって，色つき部分の面積は，（半円Oの面積）－（三角形AFDの面積）＝20×3.14÷2－20＝**11.4**（cm²）

5 (1)　【解き方】立体アが入っている水そうについて，水面の高さが 14 cm となるときの水の量を求める。

水面の高さが 14 cm のとき，立体アのうち，1辺が 12 cm の立方体はすべて水に沈み，1辺が 6 cm の立方体は下から

14－12＝2（cm）のところまで水につかっている。よって，水そうに入っている水の体積は，

15×20×14－12×12×12－6×6×2＝4200－1728－72＝2400（cm³）となる。したがって，立体アが入っていない

水そうに同じ量の水を入れたときの高さは，2400÷（15×20）＝2400÷300＝**8**（cm）である。

(2)　【解き方】まずは水そうの底から6cm以上の部分に入る水の量を求める。

水面の高さが 14 cm のとき，水そうを正面から見ると右図のようになる。

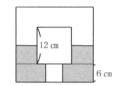

水そうの底から6cmまでの高さに入る水の量は，（300－6×6）×6＝1584（cm³）だから，

水そうの底から6cm以上の部分に入る水の量は 2400－1584＝816（cm³）である。水そうの

底から6cm以上で水が入る部分の底面積は，300－12×12＝156（cm²）だから，求める水

面の高さは，6＋816÷156＝11.23…より，**11.2**（cm）である。

6 (1)　【解き方】3点，4点，5点，8点の人数の合計は，30－（1＋3＋5＋1＋4）＝16（人）である。

4点の人と5点の人の人数比は3：1であり，3点と8点の人はそれぞれ1人以上いるから，4点と5点の人数の

合計は 16－1×2＝14（人）以下である。よって，（4点の人数，5点の人数）＝（3，1）（6，2）（9，3）のいず

れかである。よって，3点の人数として考えられるのは，（16－4）÷2＝**6（人）**，（16－8）÷2＝**4（人）**，

（16－12）÷2＝**2（人）**である。

(2)　【解き方】(1)より，最頻値が4点となるのは，4点の人が6人または9人のときであり，これらの場合を分

けて考える。中央値は，30÷2＝15 より，大きさ順に 15 番目と 16 番目の値の平均である。

4点の人が6人のとき，5点の人は2人，3点と8点の人は4人ず

つなので，表1のようになる。

表1

得点(点)	0	1	2	3	4	5	6	7	8	9	10
人数(人)	0	1	3	4	6	2	5	1	4	0	4

このとき，4点以下の人が 1＋3＋4＋6＝14（人），5点以下の人が 14＋2＝16（人）いるから，15 番目と 16 番目

の値はともに5点なので，中央値は5点となり，条件にあう。このとき，平均値は，

（1×1＋2×3＋3×4＋4×6＋5×2＋6×5＋7×1＋8×4＋10×4）÷30＝5.4（点）である。

4点の人が9人のとき，5点の人は3人，3点と8点の人は2人ず

つなので，表2のようになる。

表2

得点(点)	0	1	2	3	4	5	6	7	8	9	10
人数(人)	0	1	3	2	9	3	5	1	2	0	4

このとき，4点以下の人が 1＋3＋2＋9＝15（人），5点以下の人が 15＋3＝18（人）いるから，15 番目の値は4

点，16 番目の値は5点なので，中央値は（4＋5）÷2＝4.5（点）となり，条件にあわない。

以上より，求める平均値は**5.4**点である。

── 《2024　検査I　解説》 ────────────────────────

1 (1)①　プログラムIにおける矢印の方向とは，右に 90° のことだから，1辺の長さが 30÷10＝3（マス）の正方形

をかけばよい。

②　ひし形の1辺の長さはすべて等しく，隣り合う角の大きさの和は 180° になる。

このとき，右図のようになり，ひし形の外角についても角b＋角c＝角c＋角d＝

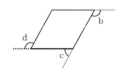

$180°$ が成り立つ。 a の値は 40 でも 60 でもひし形になるので，エが適切である。

③ 　1マスは1辺の長さが 200 mm の正方形だから，1800 mm → 9マス，600 mm → 3マス，400 mm → 2マス，1200 mm → 6マス，800 mm → 4マスとなる。これをもとにプログラムⅢにしたがって作図していくと，解答例のように，<u>1辺の長さが 600 mm の正方形が6個つながった図形が1個</u>と，<u>縦が 400 mm，横が 1200 mm の長方形が5個</u>できる。

(2) 庭の面積から，(1)③の⑦，⑦の面積を引いて，砂利をしく部分の面積を求める。

庭は縦が 20 マス →（200×20）mm ＝4000 mm ＝ 4 m，横が 30 マス →（200×30）mm ＝6000 mm ＝ 6 m の長方形の形をしているから，庭の面積は 4×6 ＝24（㎡）である。⑦の面積は 0.6×0.6×6 ＝2.16（㎡），⑦の面積は 0.4×1.2×5 ＝2.4（㎡）なので，砂利をしく部分の面積は 24－2.16－2.4 ＝19.44（㎡）となる。

砂利を 1 ㎡しくのに必要な金額は $300×\dfrac{70}{10}$ ＝2100（円）だから，求める金額は 2100×19.44 ＝40824（円）となり，千の位までのがい数で表すと，41000（円）となる。

(4)② 水をあふれるまで注いでも動かなかったということは，図4において，竹づつを時計回りに回転させるはたらきが反時計回りに回転させるはたらきよりも大きくならなかったということである。よって，竹づつを時計回りに回転させるはたらきが大きくなる方法を考えればよい。解答例の他に，竹づつの左はしを切って短くする方法なども考えられる。

(6) 万能試験紙の色が青色に変化したことから，アジサイを植える場所の土の性質は，重そう水やうすいアンモニア水と同様にアルカリ性だと考えられる。よって，アジサイの色は赤色になることが予想される。

(7) 太陽は東の地平線からのぼり，南の空で最も高くなった後，西の地平線にしずむ。夕方の太陽は西よりにあるので，石灯ろうのかげは東よりにのびる。よって，庭のほぼ東のはしにあるアの石灯ろうのかげは，庭の中にほとんどできない。

━《2024　検査Ⅱ　解説》━

1 (1) 滋賀県周辺については，右図参照。
(2) 郷土料理は，その地域の気候や風土，生活に合わせてつくられたものであり，郷土料理を知ることは，その地域の歴史や文化，食生活などを知ることにつながる。

(3)① ア×…資料1の有害外来魚はすべて北米原産である。　イ×…コクチバスとチャネルキャットフィッシュは琵琶湖での繁殖が確認されていない。　エ×…チャネルキャットフィッシュの別名はアメリカナマズであり，固有種であるビワコオオナマズとは別の生物である。　② 口のまわりにヒゲがあるアはチャネルキャットフィッシュである。また，ウは資料1のオオクチバスに似ていることや，上アゴの後ろのはしの位置などからコクチバスであり，残ったイはブルーギルである。

(4) 太陽は東の地平線からのぼり，南の空で最も高くなった後，西の地平線にしずむ。図2の太陽は低い位置にあるから，日の出直後か日の入り直前のどちらかである。よって，どちらの方角を向いているかわかれば，朝日か夕日かを決めることができる。

(5) 設問文中に「池を作り，野菜やなべを洗うなどして利用」「使ったあとの水は最終的に琵琶湖に流して」「コイは洗い物から出た食べものかすなどを食料にして」とあることから，コイを飼うことで，生活用水をきれいにして琵琶湖に流していると判断する。

(6)① 平均降水量は棒グラフで表す。11 目盛りあるから，右の目盛りのはじめを 0 とし，最も多い 7 月の 218 mm を表せるように，1 目盛りを 20 mm とする。　② 空気には熱を伝えにくい性質(断熱効果)がある。よって，空気の層ができると，体から熱が外に逃げにくくなり，暖かく感じる。

(7)① 米の収穫量が多い B は山形県，キャベツの収穫量が多い C は群馬県，肉用牛の飼養頭数が多い D は鹿児島県，残った A は滋賀県である。　② 富岡製糸場は，フランス人のお雇い外国人ブリューナによって，群馬県の富岡につくられることが決められた。

(8) ア．誤り。令和 4 年の「スポーツ・レクリエーション」を目的とした観光客数は 980 万人，「自然」を目的とした観光客数は 120 万人だから，8 倍をこえている。イ．誤り。令和 4 年と令和 3 年の観光客数の差は，「行祭事・イベント」より，「都市型観光」の方が多い。ウ．誤り。令和 4 年の「都市型観光」を目的とした観光客数は，「温泉・健康」を目的とした観光客数より 690 万人多い。

(9) ア．誤り。目的に合わせたデータの収集が必要である。ウ．誤り。データを収集する上でも，他者のプライバシーを侵害しない配慮が必要である。エ．誤り。インターネットの検索結果の上位にあるからといって，そのデータが重要で信頼することができるとは限らない。オ．誤り。ニュースサイトや S N S に掲載されているデータの中には，信頼性の低いデータが存在することもある。

2 (1) 右図の左が避難所，右が津波避難ビルの記号である。

(2) 避難には，水平避難と垂直避難がある。危険区域から脱出するための水平避難をまず考え，水平避難が難しい場合には垂直避難を考える。★印の周辺は駅に近い人口密集地域だから，駅近くの津波避難タワーに多くの人々が集中し，タワーに登れない危険性がある。南側の元吉原中学校は約 500m 離れていて，3 分では中学校の避難所に到着できないが，付近は周辺より標高が高くなっていて，津波浸水想定区域とバッファゾーンは抜けることができる。

― 《2024　検査Ⅲ　解説》 ―

1 (1) 日本の国際連合加盟は 1956 年，沖縄返還は 1972 年，朝鮮戦争開戦は 1950 年，日中平和友好条約締結は 1978 年，ベルリンの壁崩壊は 1989 年である。

(2)① 2 分休符は第 3 線の上側に，全休符は第 4 線の下側にそれぞれかく。　② 小節線(小節ごとの区切り線)に注目しながら，小節の数を数える。2 小節目から 9 小節目にかけてリピート記号(くり返し)があるので，演奏する小節番号の順に，1→2→…→9→2→3→…→8→10→11→… となる。このような順で 1 小節目から数えていくと，ⓒは 23 小節目に演奏する。

(3)① 選挙権の拡大については右表参照。
② 普通選挙法実現によって，社会運動が激しくなること，政権や国のしくみが変えられてしまうことなどをおそれ，普通選挙法実現の直前に治安維持法を成立させた。

選挙法改正年 (主なもののみ抜粋)	直接国税の要件	性別による制限	年齢による制限
1889 年	15 円以上	男子のみ	満 25 歳以上
1925 年	なし	男子のみ	満 25 歳以上
1945 年	なし	なし	満 20 歳以上
2015 年	なし	なし	満 18 歳以上

(4) SDGs は，Sustainable Development Goals の略称であり，17 の目標と 169 のターゲットからなる。

2 (1)① X．青森県の地形を図案化している。Y．富士山と静岡県の地形を曲線で構成している。　② アは山梨県，イは群馬県，エは東京都，オは神奈川県，カは栃木県，キは茨城県，クは千葉県。

(2) AED は, Automated External Defibrillator の略称である。

(3)① 木版画は紙に刷り上がる絵と左右が反対(鏡写し)になる。また, 彫刻刀で彫る部分にはインクがつかない
ので, 資料4の絵とは白と黒が反対になる。

3 (1)① 葛飾北斎は『富嶽三十六景』などの風景画で知られる浮世絵師, 近松門左衛門は『曽根崎心中』などで知ら
れる脚本家, 東洲斎写楽は『三代目大谷鬼次の江戸兵衛』などの役者絵で知られる浮世絵師である。

② アは中山道, ウは甲州道中, エは日光道中, オは奥州道中。

4 (1) 野口英世が肖像である千円札は, 2004 年から 2024 年まで発行された。

(2)① 北里柴三郎は破傷風の血清療法を開発し, ペスト菌を発見した。赤痢菌は志賀潔が発見した。

② エ. 誤り。換気をして室内の空気をきれいに保つことで, 感染症の感染拡大を防ぐことができる。

③ ノーマライゼーション・バリアフリーなどとの違いを理解しておきたい。

大阪教育大学附属天王寺中学校

═══════════════════════ 《国 語》 ═══════════════════════

一 1．考えて〔別解〕考えていると／考えている　2．ア，オ　3．エ　4．ウ　5．民話という形式は、アニメなどの新しい形式に取ってかわられることがあるが、民話に含まれるモチーフ、エピソード、話型は、形式がかわっても受けつがれていくということ。　6．イ

二 ①すぼめる　②むすぶ　③あつめる　④おる　⑤まわす

三 (例文)書名…フォトエッセイ大阪の商店街

　　大阪には商店街がたくさんある。観光客が訪れるような、有名でにぎわっている商店街もあるが、客の減少や後けい者不足で厳しい状きょうの商店街もある。日常の買い物に便利なだけでなく、地元の人の交流の場にもなっている商店街は、大阪の財産だ。そのみ力を写真と言葉で伝える本を提案する。写真は公ぼで集め、商店街にまつわるエッセイを大阪在住の作家に書いてもらう。国内外で読んでもらえるように、外国語版も作りたい。

═══════════════════════ 《算 数》 ═══════════════════════

1 9950422

2 47

3 60

4 (1)27，30.5　(2)a＝22　b＝23

5 (1)5　(2)41　(3)12

6 (1)20　(2)13

═══════════════════════ 《検査Ⅰ》 ═══════════════════════

1 (1)ウ　(2)鉄やアルミと比べて1㎤あたりの重さは軽く，1kgあたりの価格は高い。　(3)下図　(4)①20　②16

2 (1)空気／適当な温度　(2)毎日午前10時と午後3時にあたえる水の量をすべてのセットで同じにする。
(3)(d)128　(f)122　理由…誤差を小さくするため。　(4)下グラフ　(5)(かんそうさせた)葉の重さ

3 (1)A．イ　B．イ　C．ア　(2)イ　(3)切断してできた3つの木材すべての縦と横の長さを100㎜にそろえるため。／切断面を平らにするため。　(4)エ　(5)木材を傷つけることなく，釘を深くまで打ち込むため。

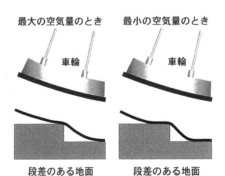

══════════════════ 《検査Ⅱ》 ══════════════════

1 (1)中華人民共和国　(2)16　(3)ウ　(4)Ⅰ．三重県　Ⅱ．愛知県　(5)中山道

(6)B．尾根道　C．谷筋　(7)①右図　②ハンドルを回す向きによって電流の向きが

決まる。／ハンドルを回す速さによって電流の大きさが決まる。　(8)80

2 (1)エ　(2)ウ　(3)①A．くさみ　B．水分　C．空気　②カ　(4)①酸性　②塩酸／炭酸水／食酢 などから2つ

(5)①高知県沿岸には，暖流の日本海流が流れており，冬の北西季節風が四国山地を越えるときに，フェーン現象に

よって暖かく乾いた風となって吹き下ろすから。　②二酸化炭素　③葉に日光が当たるとデンプンがつくられる。

(6) 高知市　　　　　　　　　　　　　　大阪市

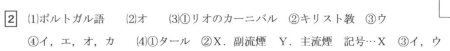

══════════════════ 《検査Ⅲ》 ══════════════════

1 (1)①Aは同じ高さの音符を1つの音符のようにつなげてひき，Bは複数の音符を音を切ら

ずになめらかにひく。　②右図　③シ　④琉球音階は西洋音階から「レ」と「ラ」をのぞ

1(1)②の図

いた5音で構成される。　⑤ア　(2)首里城(正殿)　(3)日本，中国，東南アジアの中間

点に位置する琉球王国に，周辺の国々の人・モノ・情報が集まってきたから。

(4)①サンフランシスコ平和条約　②アメリカ軍基地　(5)右図

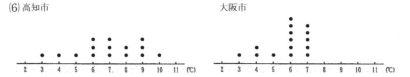

1(5)の図

2 (1)ポルトガル語　(2)オ　(3)①リオのカーニバル　②キリスト教　③ウ

④イ，エ，オ，カ　(4)①タール　②X．副流煙　Y．主流煙　記号…X　③イ，ウ

3 (1)A．イ　B．オ　(2)①あ　②い　③お　④う　⑤え

━《2023 国語 解説》━━━━━━━━━━━━━━━━━━━━━━━

一

1 主語は「何が」「だれが」にあたる部分。述語は「どうする」「どんなだ」「何だ」にあたる部分。「民話研究者」がどうするのか、と考えると、述語にあたるのは「考えている(と)」だとわかる。文末の「思う」の主語は「わたし」(筆者)で、この文では省略されている。

2 「定義」とは、意味や内容を明確に規定したもの。「こういった定義」とあるので、「こういった」が指す内容、つまり、――②の直前の2段落に着目する。 ア.「昔話」は「民話」のなかに含まれ、「民話」は「人びとのあいだで、口頭で語られるストーリー性のある話を総称したもの」であるから、正しいと言える。 イ.「民話のなかに昔話、伝説、世間話が含まれる」ので、「民話はすべて昔話である」は誤り。 ウ.「伝説というのは、史実かどうかはさておき(ひとまず問題としない)」とある。「伝説」についても「昔話」についても、史実であるかどうかについては述べていない。 エ.「世間話」と「昔話」は「民話」のなかに含まれるものであり、「世間話」とは「いわゆる都市伝説もしくは現代伝説のことを指す」ので、誤り。 オ.「伝説というのは〜場所が特定されるか〜人が特定されるか〜時が特定される話を指す」と述べているので、正しい。

3 ③ の直前の3段落では、民話の定義について述べている。 ③ を含む段落とその直後の段落では、昔話は「衰退傾向」にあるが、都市伝説は人気があり衰退しているわけではないということを述べている。 ③ で話が変わっているので、エの「さて」が適する。

4 ④ を含む段落とその直前の段落の内容を受けて、「このように」とまとめている。「口頭による昔話の伝承が衰退傾向にあることは否めない〜しかし、あらゆる民俗事象が衰退傾向にあるかといわれるとそういうわけではなく〜各種の祭りはこれからも〜継承されていくのだろう〜都市伝説〜テレビや雑誌でよく特集が組まれる〜都市伝説はいくらでも採録できる状況にある」と述べていることから、ウのようなことが言える。

5 ヤドカリは、体の成長に合わせて、ちょうどよい大きさの貝殻をさがし、引っこしをする。「ヤドカリの殻」は、そのつどかえられるもの。ヤドカリ「本体」は、同じもの。――⑤を含む段落で述べている「わたしは民話という形式にはそんなに『力』があるとは思っていない。しかし、民話のモチーフ、エピソード、話型には『力』があると考えている」「昔話に含まれていたモチーフ、エピソード、話型は、アニメ、ゲーム〜といった新しいジャンルの文化にも多く見られる。現代カルチャーでも〜鬼、モンスターなどは大人気であるが、これらは、かつて昔話の得意分野であった」「殻のひとつに民話や現代カルチャーが含まれる」という内容から、「民話という形式」が「ヤドカリの殻」で、「モチーフ、エピソード、話型」が「本体」であることが読みとれる。

6 「現在の状況」は、「昔話に含まれていたモチーフ、エピソード、話型は、アニメ、ゲーム、コミック、ドラマ、映画、ライトノベルといった新しいジャンルの文化にも多く見られる。現代カルチャーでも、異世界転移、魔法、呪術、鬼、モンスターなどは大人気である」というもの。つまり、「『魔法、異世界、鬼などが存在するかもしれない』という意識」は、すでに人びとの心に植えつけられていると言える。だから、筆者がかけたいと思う魔法は、「すでに過去の誰かが」「かけたのかもしれない」と思えるのである。よって、イが適する。

1 　【解き方】2023×2023＝4092529 より，7桁の数を大きい順に並べてできる数 9954220 が最大の数である。また，この数の十の位と一の位を入れかえたときにできる数が2番目に大きな数である。このように，小さい位から順に数を入れかえていき，10番目に大きい数はどの位までを入れかえた数か考える。

一の位から百の位までを入れかえてできる数は，百の位の数の決め方が3通りに対し，十の位が2通り，一の位が1通りとなるので3×2×1＝6（通り）。このうち，2を入れかえてできる数は等しいので，6÷2＝3（通り）ある。一の位から千の位までを入れかえてできる数は，同様にして4×3×2×1÷2＝12（通り）ある。

よって，10番目に大きい数は，一の位から千の位までを入れかえてできる12個の数のうち，小さい方から12−10＋1＝3（番目）の数である。したがって，最も小さい数は 9950224，2番目に小さい数は 9950242 だから，3番目に小さい数は **9950422** である。

2 　【解き方】実際にある分の黄色と緑色の絵の具の量はそれぞれ 89mL，123mL だから，差は 123−89＝34(mL) である。同じ量ずつ追加するから，この差は追加して黄色と緑色の絵の具が 4：5 になった後も変わらない。

4：5 の比の数の差である 5−4＝1 が 34mL にあたる。このときの黄色の絵の具の量は $34×\frac{4}{1}＝136$(mL)

よって，増やす量は，136−89＝**47**(mL)

3 　【解き方】同じ道のりを歩くのにかかる時間の比は，速さの比と逆比になることを利用する。

分速 100m で歩いたときと分速 50m で歩いたときの自宅から図書館までかかる時間の比は，100：50＝2：1 の逆比の 1：2 である。また，到着時刻の差は 10時15分−9時30分＝45分 だから，比の数の 2−1＝1 が 45分にあたる。よって，分速 100m の速さで歩くと，自宅から図書館まで 45分かかるので，自宅を出発する時刻は 9時30分−45分＝8時45分 である。したがって，10時−8時45分＝1時間15分＝75分 で到着するには，かかる時間の比の 45：75＝3：5 だから速さの比が 5：3 になればよいので，$100×\frac{3}{5}＝60$ より，分速 **60**m で歩けばよい。

4 (1)　【解き方】6人の得点の中央値は大きさ順に並べたとき，6÷2＝3 より，3番目と4番目の人の得点の平均である。27.5 は 26 より大きいから3番目は 26点，4番目は 27.5×2−26＝29(点) だから，得点がわからない1人は 29点以上 50点以下であればよい。

得点がわかっている5人の合計点は 14＋17＋26＋29＋47＝133(点) だから，平均値は (133＋29)÷6＝**27**(点) 以上，(133＋50)÷6＝**30.5**(点) 以下である。

(2)　【解き方】(平均値)×(個数)＝(合計) となることを利用する。

9人の得点の合計は 30×9＝270(点) だから，a＋b＝270−(39＋23＋42＋44＋27＋17＋33)＝45(点) である。最頻値は最も多く現れる値であり，a と b を除いた7人の得点で2回以上現れている値は1つもないから，a か b のどちらかは 23 である。よって，45−23＝22，a＜b より，b＝**23**，a＝**22** となる。

5 (1)　【解き方】右図のように平行四辺形EFGHでFGを底辺としたときの高さをHI，三角形DGCでGCを底辺としたときの高さをDJとする。このとき，HIとDJは平行だから，三角形HGIと三角形DGJは形が同じで大きさが異なる三角形であり，HI：DJ＝HG：DG＝1：2である。

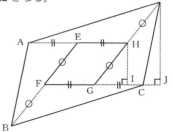

三角形DGCの面積はGC×DJ÷2＝FG×(2×HI)÷2＝FG×HIより，平行四辺形EFGHの面積と等しい。同様にして，三角形DAH，三角形ABE，三角形BCFの面積も平

行四辺形ＥＦＧＨの面積と等しいから，四角形ＡＢＣＤの面積はもとの面積の5倍である。

(2)　【解き方】(1)の解説をふまえる。右図のＤＧはＨＧの5倍の長さなので，

ＤＧ：ＨＧ＝5：1だから，ＤＪ：ＨＩ＝5：1である。

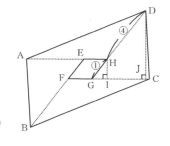

三角形ＤＧＣの面積はＧＣ×ＤＪ÷2＝(ＦＧ×$\frac{5-1}{1}$)×(ＨＩ×5)÷2＝

ＦＧ×ＨＩ×10より，平行四辺形ＥＦＧＨの面積の10倍である。よって，

三角形ＤＡＨ，三角形ＡＢＥ，三角形ＢＣＦの面積も平行四辺形ＥＦＧＨの

面積の10倍だから，四角形ＡＢＣＤの面積はもとの面積の10×4＋1＝**41**(倍)

である。

(3)　【解き方】(1)(2)の解説をふまえる。四角形ＡＢＣＤの面積がもとの平行四辺形の面積の265倍ということは，

(1)(2)で考えたもとの平行四辺形の周りの三角形1つあたりの面積はもとの平行四辺形の(265－1)÷4＝66(倍)に

なっている。

四角形ＡＢＣＤがもとの平行四辺形の各辺の長さを□倍してできる図形とすると，もとの平行四辺形の周りの三角

形1つあたりの面積は，底辺が(□－1)倍，高さが□倍になっているから，(□－1)×□÷2＝66

(□－1)×□＝132　　よって，差が1である2つの数の積が132となるような数を探すと，11×12＝132が見つ

かる。したがって，□＝12だから，もとの平行四辺形の各辺を**12**倍に伸ばしたとわかる。

6 (1)　【解き方】立体を真上から見た図に右のように①から⑧の番号をつけ，それぞれの番号

に立方体が何個重なっているか考える。

前面から見たとき，①，②，③と④，⑤，⑥にはそれぞれ少なくとも1つ立方体が3個重な

っている。また，⑦，⑧の少なくとも1つは立方体が2個重なっている。

右側から見たとき，①，④の少なくとも1つは立方体が2個重なっている。

②，⑤，⑦と③，⑥，⑧にはそれぞれ少なくとも1つ立方体が3個重なっている。

以上から，立体の体積が最も大きいとき，①，④，⑦，⑧は2個ずつ，それ以外は3個ずつ立方体が重なっている

ので，合計で2×4＋3×4＝20(個)の立方体があるから，求める体積は**20㎤**である。

(2)　【解き方】(1)の解説をふまえる。真上から見た図は右のように(1)から，③にあった立方

体を取り除いた図形になる。

前面から見たとき，①，②の少なくとも1つは立方体が2個重なっている。また，一番下の

段には立方体が無いので，重なっている立方体は1個または2個である。④，⑤，⑥にはそれぞれ少なくとも1つ

は立方体が3個重なっている。⑦，⑧の少なくとも1つは立方体が2個重なっている。また，重なっている立方体

は1個または2個である。

右側から見たとき，①，④の少なくとも1つは立方体が2個重なっている。また，重なっている立方体は1個また

は2個である。②，⑤，⑦にはそれぞれ少なくとも1つ立方体が3個重なっている。⑥，⑧の少なくとも1つは立

方体が2個重なっている。また，一番下の段には立方体が無いので，重なっている立方体は1個または2個である。

以上から，立体の体積が最も大きいとき，⑤には3個，①と⑧は一番上の段と下の段には立方体が無いので1個ず

つ，それ以外は2個ずつ立方体が重なっているので，合計で1×2＋2×4＋3＝13(個)の立方体があるから，

求める体積は**13㎤**である。

1 (1) 磁石を近づけると，鉄は引きよせられるが，アルミとカーボンは引きよせられない。磁石に引きよせられることは，金属に共通する性質ではなく，鉄やニッケルなどの一部の金属の性質である。

(3) 空気量が多すぎると，段差の角からの力がタイヤの一点に集中してパンクしやすくなる。また，空気量が少なすぎると，タイヤがつぶれ，中のチューブがこすれてパンクしやすくなる。

(4)① 歯数が50枚のペダルつきの歯車を12回転させると，ある位置にあった歯が $50 \times 12 = 600$（コマ）動くので，歯数が30枚の後ろの車輪の歯車は $600 \div 30 = 20$（回転）する。　② タイヤの円周は $70 \times 3.14 = 219.8$（cm）であり，これがタイヤが1回転したときに進む距離である。①より，後ろの車輪の歯車の回転数はペダルつき歯車の $20 \div 12 = \frac{5}{3}$（倍）だから，ペダルつき歯車が1分間で72回転するとき，後ろの車輪の歯車は $72 \times \frac{5}{3} = 120$（回転）し，自転車は $219.8 \times 120 = 26376$（cm）→0.26376km進む。よって，1時間→60分間では $0.26376 \times 60 = 15.8256$→16km進む。

2 (1) 一般的な種子の発芽に必要な条件は，水，空気，適当な温度の3つである。なお，種子によっては発芽に光を必要とするものもある。

(2) ここでは，肥料の濃さが植物の成長にあたえる影響を調べたいので，それ以外の条件はすべて同じにしなければならない。②のままで実験を行うと，成長に差が出た場合，それが肥料の濃さのちがいによるものか，あたえた水の量のちがいによるものか判断できない。

(3) (d)$512 \div 4 = 128$　(f)$610 \div 5 = 122$　Dでは植木鉢5の種子が発芽しなかった。このように，発芽しない種子や極端に成長がおそいものがふくまれている可能性があるので，植木鉢を1つずつ用意するのではなく複数用意し，明らかに不適切だと思われるものを除いた状態で平均を求めることで，誤差を小さくすることができる。

(5) 一般的に，肥料をあたえたときの方が葉の数が多く，葉の緑色が濃く，茎が太くなる。

3 (1) 図3でつけた折り目は谷折りしているから，Bの折り目は谷折りになる。また，図4で谷折りしてつけた折り目は，図4→図3のように開くと，重なっていた紙は右図のように開くから，Aが谷折り，Cが山折りになる。よって，適切なものは，Aがイ，Bがイ，Cがアである。

(2) 図6で「mas」を内側に折るには谷折りをすればよい。飛び出す文字は中心の折り目（ＫＬ）が一番手前に飛び出すように作る。よって，まずはXの横の部分，つまりＧＪとＨＩを切り，ＧＨとＪＩを谷折りにする。その後ＫＬを山折りにすればよい。よって，適切なものはイである。

(3) 幅を10㎜ずつ取ることで，切断する際に多少曲がったり，切断面がでこぼこになったりしても，やすりでけずることで，木材の横の長さを100㎜にすることができ，切断面を平らにすることができる。

(4) 用意された木材は，横が60㎜の木材1本であり，アとウのように補強するには木材の横の長さが足りない。四角形は4つの辺の長さを変えずに形をくずすことができるが，三角形は3つの辺の長さが決まれば形も決まるからくずすことができない。よって，エのように左上と右上に三角形を作るように補強するとよい。

(5) 釘を深く打ち込むときに平たい面で打ち続けると，釘が沈み込んだ際に素材に使っている木材に傷がついてしまう。仕上げにゆるやかな曲面を使うことできれいに仕上げることができる。

1 (1) 中華人民共和国　日本は東経135度の経線が標準時子午線だから，日本より20度程度西にある国であり，日本の面積よりはるかに大きいことから中国と考える。中国の首都ペキンが北緯40度あたりに位置することは覚

えておきたい。

(2)　16　（実際の距離）＝（地図上の長さ）×（縮尺の分母）より，32×50000＝1600000（cm）＝16000（m）＝16（km）

(3)　ウ　ア．誤り。1997年から2021年の個人のインターネット利用率は，2015年から2017年と，2019年から2021年にかけて減少している。イ．誤り。スマートフォンの利用の増減は読み取れない。エ．誤り。今後の個人のインターネット利用率，タブレット型端末の利用の増減は読み取れない。また，個人のインターネット利用率は今後も高止まりするものと考えられる。

(4)　Ⅰ＝三重県　Ⅱ＝愛知県　東海道は，東京都－神奈川県－静岡県－愛知県－三重県－滋賀県－京都府を通る。

(5)　中山道　日本橋を起点とする五街道は右図を参照。

(6)　B＝尾根道　C＝谷筋　「見通しがよい」から尾根道，「上からおそわれる」から谷筋と判断する。

(7)②　ⅠとⅢを比べると，ハンドルを回す向きを逆にするとプロペラの回る向き（電流の向き）が逆になることがわかる。また，ⅠとⅡを比べると，ハンドルを回す速さを速くするとプロペラの回る速さが速くなる（電流の大きさが大きくなる）ことがわかる。

2　(1)　エ　南四国に位置する高知県は，工業がさかんでなく，野菜を中心とした農業がさかんである。アは鳥取県，イは岡山県，ウは香川県，オは広島県。

(2)　ウ　ア．誤り。高知県と香川県は接していない。イ．誤り。本州・四国連絡橋で淡路島と結ばれているのは徳島県である（神戸－鳴門ルート　大鳴門橋）。エ．誤り。南四国は，夏の南東季節風の影響を受けて，夏の降水量が多いため，ため池をつくる必要はない。ため池がつくられている地域は瀬戸内地域である。オ．誤り。高知県は工業がさかんでない。自動車・造船がさかんなのは広島県。

(4)①　青色のリトマス紙を赤色に変化させるのは酸性の水よう液である。なお，アルカリ性の水よう液は赤色のリトマス紙を青色に変化させ，中性の水よう液はリトマス紙の色を変化させない。

(5)①　冬の季節風は北西から吹いてくるため，四国山地を越えて，暖かい乾いた風が南四国に吹く。　　②　植物の葉に日光が当たると，二酸化炭素と水を材料にしてデンプンと酸素をつくる光合成が行われる。植物は光合成でつくられたデンプンを使って成長する。よって，ビニールハウス内で二酸化炭素を発生させると，植物が光合成を盛んに行い，よく成長するので，収穫量が増えると考えられる。　　③　ヨウ素液はデンプンに反応して青むらさき色に変化する。イとウでは，日光が当たったか当たらなかったという条件だけが異なり，日光が当たったイだけでヨウ素液が反応したことに着目する。なお，アは，2日目に日光を当てる前の葉にデンプンが残っていないことを確かめるためのものである。

(6)　資料4について，高知市と大阪市の気温を小数第1位を四捨五入して整数でまとめたのが下表である。

	1日	2日	3日	4日	5日	6日	7日	8日	9日	10日	11日	12日	13日	14日	15日
高知市	6℃	6℃	7℃	7℃	4℃	3℃	5℃	6℃	7℃	8℃	8℃	9℃	9℃	10℃	9℃
大阪市	6℃	6℃	7℃	6℃	4℃	3℃	4℃	6℃	6℃	6℃	7℃	7℃	5℃	7℃	7℃

さらにこの表を気温が低い順に並べると以下のようになる。

高知市	3℃	4℃	5℃	6℃	6℃	6℃	7℃	7℃	7℃	8℃	8℃	9℃	9℃	9℃	10℃
大阪市	3℃	4℃	4℃	5℃	6℃	6℃	6℃	6℃	6℃	6℃	7℃	7℃	7℃	7℃	7℃

この表をもとにドットプロットにまとめればよい。

1 (1)① Ⓐの記号はタイであり，同じ高さの音符につける。Ⓑの記号はスラーであり，いくつかの音符の音と音を切らずになめらかに演奏するためにつける。タイとスラーは見た目が似ているが別の記号である。

② ト音記号では第２線(下から２本目の線)が「ソ」であることを表し，ヘ音記号では第４線が「ファ」であることを表す。Ⓒはト音記号で４分音符の「ド」であり，ヘ音記号の「ド」は第２間(第２線と第３線の間)が「ド」であるが，この「ド」はⒸの「ド」より１オクターブ低い「ド」だから，この位置ではなく，第５線の上に線(上第１線)を引き，そこに４分音符をかく。

③ Ⓓの音符は第３線にあるので，「シ」の音である。

④ 西洋音階は「ドレミファソラシ」の７音で構成されるのに対し，琉球音階は「ドミファソシ」の５音で構成される。

⑤ 三線　三線は，三味線の起源の一つであり，胴体にニシキヘビの皮が張られている。

(2) 首里城　2019年の火災で，正殿をはじめとする多くの施設が焼失した。

(3) 中継貿易でさかえた琉球王国には，周辺の国の人・モノ・情報が集まっていたことが考えられる。

(4)① サンフランシスコ平和条約　サンフランシスコ平和条約に調印し，日本は独立を回復した。また，日本は朝鮮の独立を承認し，台湾・千島・南樺太などを放棄し，沖縄・奄美群島・小笠原諸島は引き続きアメリカの統治下に置くことに同意した。　② アメリカ軍基地　日本にあるアメリカ軍基地の約70%が沖縄県に集中している。

(5) 右手前に瀬底大橋が見えること，右手奥に237.3mの最も高い山が見えること，正面にいくつもの山頂が見えることをかいていこう。

2 (1) ポルトガル語　大航海時代，ブラジルはポルトガルの植民地支配を受け，その支配は19世紀まで続いた。南米のほとんどの国の公用語がスペイン語である中で，ブラジルだけがポルトガル語を公用語としていることは覚えておきたい。

(2) オ　アはコロンビア，イはベネズエラ，ウはペルー，エはボリビア，カはアルゼンチン。

(3)② ブラジルを支配したポルトガルは，キリスト教のカトリック教徒が多いことから考える。

③ サンバはブラジルの代表的な音楽であり，リオデジャネイロで行われるリオのカーニバルはサンバの音楽やダンスが主体となっている。

④ ア．拍子記号は分母が音符の種類，分子が１小節内の音符の数(拍子)を表す。この楽曲は１小節内に４分音符が２つ分入る拍子の曲だから，適さない。　イ．16分音符が多用されているので正しい。　ウ．♩=96〜120のテンポはアレグレット(やや快速に)を表すので，適さない。　エ．打楽器１，４，６の音は１種類の高さのみだから正しい。オ．打楽器２，３，５，７，８の音は２種類以上の高さだから正しい。　カ．打楽器２，３，４，７の楽譜を見ると２小節ごとに同じリズムパターンになっていることがわかる。よって，正しい。キ．楽器によってリズムパターンは異なるので，適さない。　以上より，イ，エ，オ，カが正しい。

(4)① タール　たばこのヤニをタールと呼ぶ。　② X＝副流煙　Y＝主流煙　副流煙の方が多くの有害物質を含むため，受動喫煙が問題となっている。　③ イ，ウ　ア．誤り。喫煙によって心拍数は増える。エ．誤り。HIVに感染する最も多い原因は喫煙ではなく性行為である。オ．誤り。イギリス・カナダ・オーストラリアなどに比べて，喫煙に対する規制は厳しくない。

3 (2)① 絵の具を出す場所は，小さい部屋。よって，「あ」が適する。　② 絵の具を溶いたり混ぜたりする場所は，大きい部屋。よって，「い」が適する。　③ 筆は大きい部屋で洗う。洗うと「とてもにごっている水」になるので，「お」が適する。　④ 洗った後ですすぐと「少しにごっている水」になるので，「う」が適する。

⑤ 絵の具を混ぜるとき，汚れた水が混ざるとにごってしまう。筆には「にごりのない水」をふくませたいので，「え」が適する。

=== 《国 語》 ===

一 1．エ 2．タコを食べる習慣 3．A．エ B．ウ C．ア 4．好んで食べられたり忌み嫌われたりし、愛嬌があると親しまれながらもとんまの強調に使われて上等なイメージがないなど、人間の勝手な好みや評価にふりまわされていること。 5．それだ 6．ウ，エ

二 ①エ ②エ ③イ ④エ ⑤イ

三 (例文)題名…暗い／明るい

明治時代をえがいたテレビドラマを見ていたら、主人公がろうそくの火を灯して勉強をするシーンがあった。現代の照明器具と比べるととても暗く感じた。しかし、昨年、台風のひ害で停電したとき、ろうそくに火を灯したら、とても明るく感じた。現代の照明器具の明るさに慣れてしまうと、ろうそくの火を暗いと感じるが、暗やみの中でろうそくの火はとても明るく、心細かった心まで温めてくれる明るさに感じた。

=== 《算 数》 ===

1 (1)6，3，1 (2)5，14，10

2 (1)4320 (2)100

3 9175

4 (1)19 (2)15，18

5 24.5

6 162

7 (1)ア．  イ． (2)①27 ②A，3

=== 《検査Ⅰ》 ===

1 (1)[記号／理由] ［ア／導線が2本とも乾電池の＋極につながっているから。］
［エ／空きかんの表面にぬられていると料は電気を通さないから。］ (2)右図
(3)エ (4)①ア．A イ．B ウ．コイルのまき数 ②ア，イ，ウ
(5)手回し発電機とコンデンサーをつなぎ，手回し発電機のハンドルを一定の速さで回し，ストップウォッチで時間をはかりながら10秒間電気をたくわえる。電気をたくわえたコンデンサーに豆電球をつなぎ，ストップウォッチで点灯する時間をはかる。豆電球のときと同じ条件で電気をたくわえたコンデンサーに発光ダイオードをつなぎ，ストップウォッチで点灯する時間をはかり，豆電球のときと点灯する時間を比べる。

2 (1)①ウ ②ア (2)①ウ ②ア．台風 イ．北東 ウ．南東
③エ，カ (3)①オ ②右表 ③2021 理由…7月1日から3日にかけての降水量の合計は，この地域の年間の平均降水量の5分の1にあたるから。

降水量[mm]	2020年 日数[日]	2021年 日数[日]
0以上 ～ 25未満	21	28
25 ～ 50	4	0
50 ～ 75	4	0
75 ～ 100	1	0
100 ～ 125	1	1
125 ～ 150	0	1
150 ～ 175	0	1
計	31	31

《検査Ⅱ》

1 (1)①1998 年は約 14 L，2018 年は約 5 L と，減少している。　②家庭料理の洋食化・外食の日常化によって，家庭
でのしょうゆの消費量が減ったから。　(2)①兵庫県…神戸市　群馬県…前橋市　愛知県…名古屋市

香川県…高松市　②エ　③イ　④右図
(3)①ウ，オ　②右グラフ

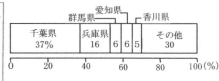

③(例文)しょうゆの主な原料は，大豆
と小麦です。日本で大豆と小麦の生産
が多い都道府県は北海道ですが，北海
道はしょうゆ出荷量の多い都道府県で
はありません。その理由を知りたいと思いました。

2 (1)X．ア　Y．オ　(2)①でんぷん　②発芽(とその後の成長)　(3)ア，ウ　(4)①液は，ガラス棒を伝わらせて
ろうとに注ぐ。／ビーカーのかべにろうとのあしの長い方をつける。　②蒸発
(5)[グループ名／水よう液]　[酸性／しょうゆ，みかんの汁，塩酸，酢]　[中性／水道水，砂糖水]
[アルカリ性／重そう水，アンモニア水]　(6)ウ，エ

━━━━━━━━━━━━━━━━━━━━━ 《検査Ⅲ》 ━━━━━━━━━━━━━━━━━━━━━

1 (1)パスポート〔別解〕旅券　(2)①料理名…冷やしトマト　はたらき…体の調子を整える。　②十分にすいみんを
とること。／適度な運動をすること。　(3)①ア　②オ　③エ　(4)時期…ウ　理由…東京都を中心に新型コロナ
ウイルス感染者が増えてきたから。　(5)(例文)例えば，コンサートの入場者制限を緩和すれば，コンサートを運
営する会社だけでなく，会場までの交通機関，周辺地域の食事を提供する店などが利用され，経済が活性化する。
(6)パラリンピック

2 (1)①7　②6　③8　④3　(2)1．キ　2．イ　3．ウ　4．エ　5．ク　6．オ　7．ケ　8．ア　9．カ
(3)日本…ア　世界…イ　(4)ウ　(5)①オランダ　②出島　③中国　④杉田玄白〔別解〕前野良沢　⑤錦絵
⑥歌川広重　⑦松尾芭蕉　⑧日米和親条約

3 (1)①ト音記号　②名称…付点4分　記号…ア
③名称…2分　記号…ウ

④こぶなつりしかのかわ　⑤右図　⑥イ
⑦イ，ウ　⑧(例文)平塚らいてうらが女性に
対する古い慣習や考え方を批判することで女性の社会進出が進み，バスの車掌・タイピストなど女性のための新し
い仕事が増えた。　(2)エ　(3)イ→オ→エ→ウ

4 馬と木の前後関係が部分によって異なり，見えるはずの部分が見えず，かくれるはずの部分が見えている。

大阪教育大学附属天王寺中学校

━《2022　国語　解説》━━━━━━━━━━━━━━━━━━━━━━━━━━━━━

一　2　「日本人のほかにもタコを食する民族は多い」ということについて、「韓国、タイ、フィリピン、ミクロネシア、ポリネシアなど、太平洋の西部地域」でもタコを食べる習慣があるということを取り上げ、さらに加えて「地中海沿岸の各地と中南米の各地」でもタコを食べる習慣があるということを言っている。

4　「理不尽」とは、道理に合わないこと。──②の次の行に「とくに、私ども日本人は～『タコのいい分』にも耳を傾けてみなくてはならないのではあるまいか」とあることに着目する。私たちがタコに対して、「タコのいい分」を聞いていないような扱いをしている、タコからすれば理不尽だと苦情を言いたくなるような扱いをしているから、このように述べるのである。では、タコにどのような扱いをしているというのか。まず、直前の「タコは、どうも上等のイメージをもたない～主人公にもなりにくい」ということがそれである。また、──②の直後では「自然保護、資源の保全」ということを言っているから、タコを消費する話もふくまれている。文章全体をふり返り、タコに対する人間の勝手な見方や行動を取り上げながらまとめよう。

5　タコを食べる話から、「それだけ日常的にタコに接するわけであるから、<u>食用以外</u>の面でもタコと親しんできたのであろう」と話が変わっている。

6　ア．このようなことは文章中で述べていない。　イ．「世界のタコの漁獲量の三分の二に相当する」のは、「日本のタコの<u>漁獲量</u>」ではなく、日本における年間の<u>消費量</u>である。　ウ．「日本人にとっては、タコは愛嬌のある存在でもある」「『タコの八ちゃん～』といえば、日本人であれば～ほのぼのとした明るいイメージをもつであろう」「落語に『八っつぁん』が登場～少々とんまではあるが、愛嬌があって憎めない存在として語られる」と述べていることに合う。　エ．「タコは『野郎名称』なのである～なぜか女性を対象にタコを冠する例が少ない」と述べていることに合う。「タコを冠する」とは、タコ○○、タコ□□のように、「タコ」という言葉を上につけるという意味。

二　①　「ドリブルで二人も三人も突破していく」「あんなスピード」とあるので、エが適する。「生き馬の目を抜く」は、生きている馬の目を抜き取るほど、すばやい様子。「尻馬にのる」は、人のすることに軽々しく同調し、まねをすること。「馬の背をわける」は、(馬の背の片側では雨が降り、片側では降っていないというように)夕立などが、ある地域では降っているのに、その近くが晴れている様子をいう。「馬脚をあらわす」は、かくしていたことがあらわれるという意味で、「ばけの皮がはがれる」と同じ。

②　いたずらばかりする犬が「シャツをこっそり持っていこうとしてた」のに気付いて「良かった」(止めることができた)という意味なので、エが適する。「目を光らせる」は、油断なく見張りをすること。「目から鼻にぬける」は、頭の働きが良くて、物事の判断などがすばやい様子。「白い目で見る」は、冷たく悪意のこもった目つきで人を見ること。「目を細める」は、ほほえみをうかべる様子。

③　「授業中に寝て」いて「いすから転げ落ち」、「みんな」からおどろかれたという話なので、イが適する。「顔から火が出る」は、はずかしくて顔が真っ赤になる様子。「足もとに火がつく」は、危険が身近にせまっていること。「口火を切る」は、他に先がけて物事を始めること、きっかけをつくること。「火に油を注ぐ」は、勢いの盛んなものにさらに勢いを加えるようなことをして、状況を悪化させるたとえ。

④　「百問もあるのに」「一日一問しかしていなかった」とあるので、エが適する。「牛の歩み」は、牛の歩き方の

(18)

ように、進み方がおそいことのたとえ。「猫の額」は、場所がせまいことのたとえ。「犬と猿」は、仲が悪いことのたとえ。犬猿の仲。「ふくろのねずみ」は、ふくろの中に追いこまれたねずみのように、にげ出すことができない状態のたとえ。

⑤　今月のおこづかいが足りなくなることを予想しているので、イが適する。「足が出る」は、赤字（支出が収入より多い）になること。「浮き足立つ」は、おそれや不安を感じて落ち着かず、にげ腰になる様子。また、喜びや期待を感じて落ち着かず、そわそわしている様子。「足を洗う」は、悪い仲間からはなれること、好ましくない状態からぬけ出すこと。「足を棒にする」は、足がひどく疲れるほどあちこち歩きまわること。

━《2022　算数　解説》━

1 (1)　与式＝ 5 ボンド 22 シリング 13 ペンス＝ 5 ボンド 23 シリング 1 ペンス＝ 6 ボンド 3 シリング 1 ペンス

(2)　□＝ 7 ボンド 11 シリング 5 ペンス － 1 ボンド 16 シリング 7 ペンス ＝ 6 ボンド 30 シリング 17 ペンス － 1 ボンド 16 シリング 7 ペンス ＝ 5 ボンド 14 シリング 10 ペンス

2 (1)　【解き方】同じ時間だけ移動したときに進む道のりの比は，速さの比に等しい。したがって，

西町〜郵便局間と郵便局〜東町間の道のりの比は，（Aの速さ）：（Bの速さ）＝100：80＝5：4

西町〜図書館間と図書館〜東町間の道のりの比は，（Aの速さ）：（Cの速さ）＝100：60＝5：3である。

これらの比をもとに，東町と西町の間の道のりを，5＋4＝9と5＋3＝8の最小公倍数の72とする。

西町〜郵便局間の道のりは，$72×\frac{5}{9}＝40$，西町〜図書館間の道のりは，$72×\frac{5}{8}＝45$ だから，45－40＝5が300mにあたる。よって，東町と西町の間の道のりは，$300×\frac{72}{5}＝4320$（m）

(2)　【解き方】速さの比は同じ時間に進んだ道のりの比と等しくなることを利用する。(1)より，西町〜図書館間と図書館〜東町間の道のりをそれぞれ⑤，③とする。

BとCの速さの比が最初は80：60＝4：3だから，Cが図書館で速さを上げたときまでに進んだ道のりは，Cが③，Bが$③×\frac{4}{3}＝④$である。この時点で西町までの残りの道のりは，Bが（⑤＋③）－④＝④，Cが⑤であり，これを同じ時間で進んだのだから，このときの2人の速さの比は④：⑤＝4：5である。

よって，求める速さは，分速$(80×\frac{5}{4})$m＝分速100m

3 【解き方】315を素数の積で表すと，315＝3×3×5×7となることから，各位の数を求めることができる。

どの位の数も異なるのだから，1つの位の数は3×3＝9である。315＝1×5×7×9で，1＋5＋7＋9＝22だから，各位の4つの数は1，5，7，9である。よって，4けたの整数として考えられるものは，大きい方から順に，9751，9715，9571，9517，9175，……だから，5番目に大きい数は，9175である。

4 (1)　【解き方】4冊の人と5冊の人の合計人数，合計冊数を求め，つるかめ算を利用する。

4冊の人と5冊の人の合計人数は，60－5－6－9－7－4＝29（人）…⑦

60人全員の合計冊数は4×60＝240（冊）だから，4冊の人と5冊の人の合計冊数は，

240－1×5－2×6－3×9－6×7－7×4＝126（冊）

⑦の29人全員が5冊の場合，4冊の人と5冊の人の合計冊数は実際より，29×5－126＝19（冊）多くなる。

よって，4冊借りた生徒の人数は，19÷（5－4）＝19（人）

(2)　【解き方】60人の中央値は，60÷2＝30より，大きさ順に並べたときの30番目と31番目の冊数の平均である。中央値が4冊になるのだから，少ない方から30番目と31番目は4冊である。また，最頻値が5冊だから，5冊借りた生徒の人数が最も多い。

中央値が4冊だから，4冊の人数は31－5－6－9＝11（人）以上である。したがって，5冊の人数は29－11＝

18(人)以下である。また，最頻値が5冊だから5冊の人数は，29÷2＝14余り1より，15人以上である。

よって，5冊借りた生徒の人数は，15人以上18人以下である。

5 【解き方】右のように作図する（○は45°）。直角二等辺三角形を探して，辺の
長さを考えていく。

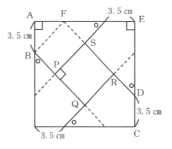

三角形EFDは直角二等辺三角形だから，EF＝EDより，AF＝CD＝3.5㎝

したがって，三角形ABFは直角二等辺三角形なので，

角FBP＝180°－45°×2＝90°

角FBP＝角SPQ＝90°で同位角が等しいから，FBとSPは平行である。

よって，SP＝FBだから，正方形PQRSの面積は，直角二等辺三角形ABF
の面積の4倍なので，3.5×3.5÷2×4＝24.5（㎠）

6 【解き方】角DAC＝15°のとき，三角形ACDは右図のようになる。ACを底辺と考え，高さ
にあたるDHの長さを求める。

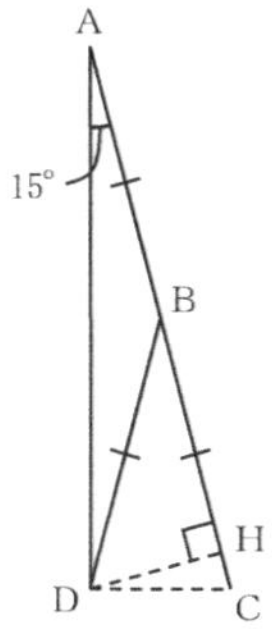

三角形ABDは二等辺三角形だから，三角形の外角の性質より，角DBC＝15°＋15°＝30°

三角形BDHは1辺がBD＝18㎝の正三角形を半分にしてできる直角三角形だから，

DH＝18÷2＝9（㎝）

よって，三角形ACDの面積は，（18×2）×9÷2＝162（㎠）

7 (1) 【解き方】右図1のように記号をおく。ウは1と向かい合うので6，エは2
と向かい合うので5である。したがって，アとイの組み合わせは3と4である。

問題のさいころAの図の左の図から，アは4とわかるので，イは3である。

さいころAの図の左の図を一部展開すると図2のようになる。したがって，

3面の点の位置は解答例のようになる。

(2)① 【解き方】4の面を上，5の面を正面に置いたとき，右に見える面はさいころAとB
で逆だから，さいころBは右図のようなさいころである。

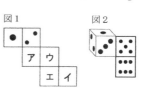

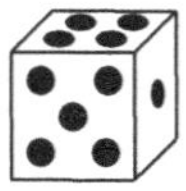

問題の図において左の面は6だから，左の面と右の面の目の和は6＋1＝7である。

正面の面と後ろの面の目の和は7×2＝14だから，求める和は，7＋14＋4＋2＝27

② 【解き方】問題の図で左の面が空白だが，さいころAではここが2の面に，
さいころBでは5の面になる。アの位置およびイの位置に来たときのさいころ
の図をかくと，右表のようになる。

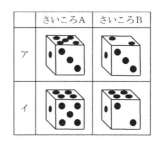

さいころAの上の面の数は，アから順に，5→4→1→3→6となるから，
和は19である。

さいころBの上の面の数は，アから順に，2→4→1→3→6となるから，
和は16である。よって，Aのさいころが，19－16＝3だけ大きくなる。

━━《2022　検査Ⅰ　解説》━━━━━━━━━━━━━━━━━━━━━━━━━━

1 (2) 2つの乾電池を並列つなぎにすると，モーターに流れる電流の大きさが乾電池1個のときと同じになり，プ
ロペラ付きモーターの回る速さも同じになる。なお，2つの乾電池を直列つなぎにすると，モーターに流れる電流
の大きさが大きくなり，モーターの回る速さが速くなる。

(3) 羽根の数は3枚だから，となり合う羽根と羽根の間の角度は360÷3＝120(度)である。写真は1秒間に9回撮影されるから，$\frac{1}{9}$秒ごとに撮影される。また，3枚の羽根に区別はないから，羽根が同じ位置に写っているとき，プロペラは$\frac{1}{9}$秒ごとに120の倍数の角度を回転していることになる。例えば，$\frac{1}{9}$秒ごとに120度回転したとすると，1秒間では，120×9＝1080(度)より，1080÷360＝3(回転)したことになる。同様に考えると，240度のときは1秒間で240×9÷360＝6(回転)，360度のときは9回転したことになる。480度以降についても同様に考えることで正しい回転数を選ぶこともできるが，1秒間の回転数が3の倍数になることに着目すれば，エを選ぶことができる。

(4)① ある条件についてその影響を調べるときには，その条件だけが異なるものを比べる必要がある。AとBは乾電池の個数が同じで，コイルのまき数が異なるから，コイルのまき数と電磁石の強さの関係について調べることができる。なお，AとC，BとCは，それぞれコイルのまき数と乾電池の個数の2つの条件が異なる。　② コイルのまき数と電磁石の強さとの関係についてはAとBを比べることでわかるから，乾電池の個数と電磁石の強さとの関係を調べることができるものを選べばよい。アとB，イとA，ウとCは，それぞれ乾電池の個数だけが異なる。

(5) 解答例のように実験を行うと，発光ダイオードの方が点灯している時間が長くなる。

2 (1)① 日本付近の上空には西から東に向かって偏西風がふいている。低気圧や雲は，偏西風によって西から東へ移動するので，日本付近の天気は西から東へ変化することが多い。雲が西から東へ移動していくことに着目すると，ウ→エ→ア→イの順になると考えられる。　② 北陸から西日本にかけて雲がかかっているアが正答となる。ウのときには，東北地方から北海道の太平洋側にかけてより多くの雨が降っているはずである。

(2)① 図3で，矢印の長さは約11mm，5kmを示す目盛りが約9mmだから，強い雨の中心は17時15分から17時30分までの15分間で5×$\frac{11}{9}$＝6.1…→6km進んだことになる。これは，1時間→60分間で6×$\frac{60}{15}$＝24(km)進む速さである。
② イ，ウ。風向きは，0度が北，90度が東，180度が南，270度が西である。9時の地面から573mより低い場所では55度から77度だから北東，745mより高い場所では138度から146度だから南東である。　③ ア×…図3では，雨雲は北西に進んだと考えられる。　イ，ウ，キ×…資料からは読み取れない。　エ○…表1より，上空では一日中南東からの風がふいていたと考えられ，それにより，図3のように雨雲が北西に進んだ可能性がある。オ×…表1より，風が最も強いのは，9時では地面からの高さが497m，21時では地面からの高さが222mと497mの地点だとわかる。　カ○…表1より，地面からの高さが低いところと高いところでは，風向きが異なることがわかる。

(3)① 降水量は棒グラフか柱状グラフ，気温は折れ線グラフで表すのがよい。帯グラフや円グラフは項目別の割合を比較するのに適したグラフである。　② 正の字を使うなどして，もれのないように数えていく。以上未満の範囲に注意すること。　③ 土砂災害は，一度に大量の雨が降ることで，降水量が土地の保水力や排水力をこえた場合に発生する。2021年は7月1日から3日までの3日間で，400mm以上の雨が降っている。これは年間降水量の5分の1をこえている。

=== 《2022　検査Ⅱ　解説》 ===

1 (1)① 1998年と2018年の ■ の値を，右側で読み取る。　② 食の多様化によって，和食だけでなく洋食・中華などが日常的に家庭で食べられるようになり，それとともに調味料も多様化していった。

(2)① 兵庫県・群馬県・愛知県・香川県はいずれも県名と県庁所在地名が一致しない県である。このような県は全国に18ある(埼玉県をふくむ)。　② エ　アは山梨県，イは栃木県，ウは愛知県。
③ エ　(人口密度・人/km²)＝(人口・人)÷(面積・km²)だから，7542415÷5172＝1458.3…より，エを選ぶ。
④ 目印になる建物・土地利用，方角をたよりに進んだ経路を決定する。地図記号は，市役所(◎)・警察署

(⊗)・税務署(◇)・図書館(▯)・裁判所()・城跡(卍)・博物館(🏛)・交番(Ⅹ)。

(3)① ウ，オ　折れ線グラフは，月ごとや年ごとの数量の推移を読み取りやすい。

② 資料2は各県別の割合を示しているから，帯グラフや円グラフが適している。円グラフなら右図のようになる。　③　しょうゆの産地に適した条件など，さまざまな疑問を考えればよい。

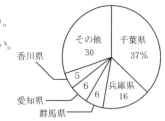

2 (1)　X＝ア　Y＝カ　日本の小麦の自給率は16%，大豆の自給率は6%程度と，ほとんどを輸入に頼っている。

(2)　ヨウ素液はでんぷんに反応して青むらさき色に変化する。

(3)　日光が必要かどうかを調べるには，日光があたるかあたらないか以外の条件をすべて同じにして結果を比べる必要がある。よって，イとエとオのように，日光以外の条件を変えてはいけない。

(5)　酸性の水よう液では，青色リトマス紙が赤色に変化し，赤色リトマス紙は変化しない。アルカリ性の水よう液では，赤色リトマス紙が青色に変化し，青色リトマス紙は変化しない。中性の水よう液では，赤色のリトマス紙も青色のリトマス紙も変化しない。また，ＢＴＢ液は，酸性で黄色，中性で緑色，アルカリ性で青色に変化する。

(6)　ア×…ゴム球に液体が入るといたんでしまうので，ピペットの先を上に向けない。　イ×…試験管立てに試験管を立てたまま液体を試験管にそそぐときは，試験管立てを手で支えて試験管が倒れないようにする。　オ×…ちがう種類の水よう液を使うときは，水よう液が混ざらないように，1回ごとに水で洗う。

《2022　検査Ⅲ　解説》

1 (1)　パスポートは，住民登録している都道府県のパスポート申請窓口に申請する。18歳未満は5年，18歳以上は5年または10年が有効期間のパスポートを作成できる。

(2)①　主食には炭水化物，主菜にはタンパク質や脂(し)質(しつ)が多くふくまれている。主食と主菜で，5大栄養素のうち，3つ(3大栄養素)を取り入れる。よって，残りのビタミンとミネラルを副菜で取り入れれば，バランスのよい食事になる。

(3)　警戒標識は黄色，案内標識や指示標識は青色，規制標識は赤で示されていることが多い。

(4)　7月から8月にかけて，新規感染者数が増えていることを読み取る。6月に観客への対応が協議されたが，人の流れが増えれば感染拡大が予想されるため，専門家を中心に無観客が望ましいとの声が多くなり，ＩＯＣと政府関係者等が協議した結果，都内では原則無観客で実施されることが決定した。

(5)　人の流れができることで，どのような経済効果があるかを考える。

(6)　パラリンピックは，4年に1度，オリンピック競技大会の開催直後に，同じ場所で開かれる障害者のための競技大会である。

2 (1)　1は籠目，2は菱文，3は市松，4はうろこ，5は子持ち縞，6は亀甲，7は唐草，8は網目，9は渦巻などと呼ばれている。

(3)　集落の周りに堀をめぐらした環濠集落が生まれたのは弥生時代だから，日本の様子はア，世界の様子はイを選ぶ。弥生時代になって稲作が広まると，ムラとムラの争いが起き，勝ったムラが負けたムラを吸収して大きなクニにかわっていった。3世紀，邪馬台国の女王卑弥呼が，中国の魏に使いを送り，「親魏倭王」の称号と金印，百枚ほどの銅鏡を授かったことが，『魏志』倭人伝に記録されている。

(4)　鉄砲・火薬・中国の生糸から，南蛮貿易と判断して，織田信長のウを選ぶ。16世紀にスペイン・ポルトガルと行った貿易を南蛮貿易と呼ぶ。

(5) 島原天草一揆を鎮圧した徳川家光は，ポルトガル船の入港を禁止し，オランダ商館を出島に移して鎖国体制を完成させた。鎖国体制のもとでも，長崎の出島でオランダと，長崎の唐人屋敷で中国との貿易は続けられた。オランダや中国は，海外の情報を報告することが義務付けられ，オランダ風説書，唐船風説書が幕府に提出された。

⑤は多色刷りの版画とあることから，浮世絵よりも錦絵のほうが適切である。

3 (1)① 音部記号は主に以下の2種類である。

ト音記号　ヘ音記号

②③ 音符と休符の種類と長さをまとめると，右表のようになる。

よって，Bは付点4分音符，Cは2分音符である。

⑤ 「ふるさと」の拍子は4分の3拍子なので，1小節の中の音符の長さの合計が3拍になることに注意する。

⑥ 楽譜の最初の音部記号(ト音記号など)と拍子

音符	名前	長さ	休符	名前	長さ
o	全音符	4拍		全休符	4拍
	付点2分音符	3拍		付点2分休符	3拍
	2分音符	2拍		2分休符	2拍
	付点4分音符	1.5拍		付点4分休符	1.5拍
	4分音符	1拍		4分休符	1拍
	付点8分音符	0.75拍		付点8分休符	0.75拍
	8分音符	0.5拍		8分休符	0.5拍
	16分音符	0.25拍		16分休符	0.25拍

記号($\frac{3}{4}$など)の間に♯や♭がなければハ長調かイ短調，♯が1つあればト長調かホ短調，♭が1つあればヘ長調かニ短調である。長調か短調の区別は，楽譜の最後の音からわかる。「ドレミファソラシド」と「ハニホヘトイロハ」が対応しているので，♯や♭がなくて最後がドならハ長調，ラならイ短調，♯が1つあって最後がソならト長調，ミならホ短調，♭が1つあって最後がファならヘ長調，レならニ短調となる。

「ふるさと」は♯が1つあって最後がソなので，ト長調である。

⑦ 「ふるさと」は楽譜の最初に「$\frac{3}{4}$」とあるので，4分の3拍子である。

イ「おぼろ月夜」とウ「冬げしき」は4分の3拍子，ア「春がきた」とエ「もみじ」は4分の4拍子である。

⑧(2) エ　エは1931年の満州事変の記述である。日本の国際連盟加盟は1920年，脱退は1935年(脱退通告は1933年)である。アの韓国併合は1910年，イの第1回帝国議会は1890年，ウの日英同盟は1902年，オのアメリカ軍の沖縄上陸は1945年。　　　(3)　イ→オ→エ→ウ　昭和時代は1926年から1989年まで。1945年8月14日にポツダム宣言を受諾した日本は，GHQの統治下の中で民主化を進め，20歳以上の男女に選挙権が与えられ，経済・農業・教育などさまざまな分野の民主化がすすめられた。1950年に朝鮮戦争が始まると，警察予備隊が組織され，その後，保安隊・自衛隊へと名称が変わっていった。1956年に日ソ共同宣言に調印して，ソ連と国交を回復すると，日本の国際連合への加盟が実現した。全国水平社の結成は1922年の大正時代である。

4 馬に乗った女性が森の中を移動する様子がえがかれているが，馬が分割されている。部分ごとによく見ると，馬と木(背景)の前後関係(遠近)がおかしい。現実にはありえない状態だが，木々のあいだを移動している時の，見えたり見えなかったりする様子がイメージされる。

═══════════════ 《国 語》 ═══════════════

一 1．太陽を、熱をもった球体として物語ること。　2．このようにして　3．イ　4．せみの鳴き声を、母を呼んでいるのだ　5．イ，ウ　6．縛られた　7．自分の心のなかのことや、自分と世界とのかかわり　8．ア，イ

二 ①○　②○　③×　④○　⑤×　⑥×

三 (例文)漢字…貹

　　お金を意味する「貝」と、音を表す「平」で、「ぺい」と読む漢字をつくった。新型コロナウイルスの感染拡大をきっかけにキャッシュレス決済をする人が増え、「ペイ」という言葉をよく使うようになった。そこで、キャッシュレス決済を意味する漢字があれば便利だろうと考えた。たとえば、「貹するほうが楽だよ。」などと使う。何事もないという意味を持つ「平」が、現金を使わないスムーズな支はらいのイメージにも合うと思う。

═══════════════ 《算 数》 ═══════════════

1 (1) 2　(2)右図　(3) ÷，＋，×，×

2 (1) 120　(2) 344　(3) 24，13

3 2：3：1

4 (1) 9：25　(2) 3：5

5 (1) 56　(2) 15　(3) 5

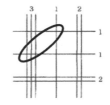

═══════════════ 《社 会》 ═══════════════

1 (1)①イ　②キ　③エ　(2)A．エ　B．オ　C．イ　D．ア　E．ウ　(3)①カ　②エ　③ア　④オ　(4)オ
　(5)オ　(6)消費地に近い方が，輸送時間を短くできるから。　(7)神奈川県　(8)①ウ　②長さが短く，流れが急

2 (1)イ　(2)ウ，エ

3 (1)紫式部　(2)①執権　②侍所　(3)①織田信長　②A．○　B．○　C．×　D．×　(4)X．イ　Y．エ
　(5)憲法の制定，国会の開設を求めた社会運動。　(6)①直接国税を15円以上納める満25歳以上の男子。　②イ
　(7)アメリカから始まった世界恐慌の影響で，輸出量が急激に低下した。　(8)OECD

4 (1)裁判所　(2)国民投票　(3)①満25歳以上の日本国民。　②衆議院は任期4年で解散があり，参議院は任期6年で解散がない。

5 (1)菅義偉　(2)①a．助言　b．承認　②国事行為

1 (1)ア. 目　イ. もの　(2)空気　(3)イ　(4)赤色…青色になる　青色…変化しない　(5)S 極　(6)ウ，エ

(7)食物連さ　(8)水蒸気　(9)ア，イ　(10)長くなる　(11)むね　(12)太陽の方角が変わるから。　(13)イ，ウ

(14)筋肉　(15)沸とう石　(16)ア. 直列　イ. 大きい　(17)電流の向きを逆にする。　(18)ちっ素／酸素　(19)消化

2 (1)A. ウ　B. ア　C. イ　(2)酸素用の気体検知管は熱くなること。　(3)下グラフ　(4)葉は日光が当たると，
二酸化炭素を吸収し酸素を放出するが，日光が当たらないと，二酸化炭素を放出し酸素を吸収する。

3 (1)てこ　(2)ふくろ…支点に近づける。　手…支点から遠ざける。　(3)記号…ア，エ　図…下図

(4)① 4 ㎝　② 28 ㎝

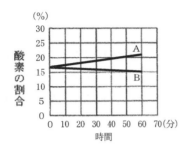

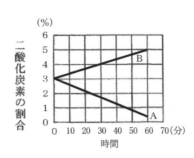

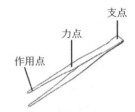

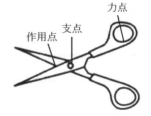

←解答例は前のページにありますので，そちらをご覧ください。

━《2021 国語 解説》━

一

1　2行前に「人々は太陽が熱をもった球体であることを知っていた」とある。しかし、夜明けの太陽の姿を見たときの体験や感動を表現するには、こうした外的事実をもとにするよりも、「黄金の馬車に乗った英雄（えいゆう）」として物語ることがふさわしいと、人々は考えたのである。

4　──③をふくむ「Aせみの鳴き声をB母を呼んでいるのだと言った」は、「AをBと言った」という構造になっている。よって、「Aを」にあたる部分の直後に「、」を入れると、意味が通りやすくなる。

5　事実としてあるのは、赤づくしの服装（ふくそう）の人に三度目に出会ったということである。アについては、たとえば、その人物とは通勤、通学経路が同じだけということがわかれば、三度も出会ったことの説明がつき、「僕をつけ回（ばく）している」わけではない可能性が高くなる。エは、赤づくしの服装の人につけ回される、もっと合理的な理由を考えることにあたる。誰かにつけ回される理由があり、それがＣＩＡとは無関係の理由であれば、赤づくしの服装の人は「ＣＩＡの人物」ではない可能性が高くなる。アとエは、赤づくしの服装の人に三度も出会ったことを、自分の心から切り離（き）（はな）して説明しようとするものであり、「外的事実の吟味（ぎんみ）」にあたる。イとウは、赤づくしの服装の人に三度も出会ったことを説明しようとするものではないので、これが正解。

6　修飾（しゅうしょく）とは、ほかの部分の内容をくわしく説明すること。修飾語は、文の中で「どんな」「何を」「どのように」などを表す部分である。「外的事実に」は、「何に」「縛（しば）られた」かを表している。

7　直前の二つの段落に、「このような解釈（かいしゃく）は、自分の心の状態を表現するにはピッタリかも知れないが～妄想（もうそう）と言うことになる」「妄想と言えども～その人が世界と自分とのかかわりを～見ることもできる」とある。この「自分の心の状態」「世界と自分とのかかわり」が内的事実である。よって、これらと同じ内容を表す「自分の心のなかのことや、自分と世界とのかかわり」をぬき出せばよい。

8　ア．３段落目の内容と一致するので、適する。　イ．５段落目に「現象を『説明』するための話は、なるべく人間の内的世界をかかわらせない方が、正確になることに人間がだんだん気がつきはじめた」とあるので、適する。ウ．子どものせみの鳴き声に関する解釈は、４段落に書かれている。この話は「神話」に近いものとして取り上げられているので、自然科学と妄想の間にある「物語」だと考えられる。よって、適さない。　エ．最後から２段落目に「妄想と言えども、それを『異常（い）（じょう）』としてのみ見るのではなく、その人が世界と自分とのかかわりを～努力のあらわれとして見ることもできる」とある。よって、適さない。

二

①　鳥がたまごを産む以上、鳥であるペンギンもたまごを産む。よって、○。

②　平日しか開いていない役所が開いている以上、今日は平日である。よって、○。

③　一文目に「フグの内臓には毒がある」とあるが、フグの身に毒があるかどうかは、これだけではわからない。よって、「フグの身は安全に食べられる」かどうかはわからない。よって、×。

④　一文目の「タロウが家にいるならば、ジロウも家にいる」より、タロウが家にいてジロウが家にいないというパターンはないことが導き出せる。すると、ジロウが家にいないならば、タロウも家にいないことになる。よって、○。

⑤　一文目から、切符（きっぷ）を持っていても電車に乗らないという可能性があることがわかる。すると、竹子が電車に乗っていないからといって、「竹子は切符を持っていない」とは言いきれない。よって、×。

⑥　一文目から、ジョンとポールの両方が歌っていてもよいことがわかる。すると、ジョンが歌っている場合、「ポールは歌っていない」とは言いきれない。よって、×。

1 (1) 与式＝$8 \div 0.4 \times \frac{1}{4} \div \frac{5}{2} = 8 \div \frac{2}{5} \times \frac{1}{4} \times \frac{2}{5} = 8 \times \frac{5}{2} \times \frac{1}{4} \times \frac{2}{5} = 2$

(2) ［図］は，線が交わる点の個数が計算してできた数を表している。かけ算の

計算結果の各位に対応した交わる点の位置を図示すると，右図のようになる。

［筆算］の④は，計算結果の千の位であり，312 の百の位の数である 3 と 112 の

十の位の数である 1 の積と，312 の十の位の数である 1 と 112 の百の位の数で

ある 1 の積を足した数を表している。

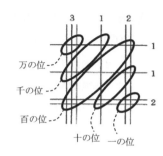

万の位
千の位
百の位
十の位　一の位

(3) 【解き方】「＋」の記号の位置で場合分けをして考える。

「＋」の位置を決めると，残りの□には「×」が 2 回，「÷」が 1 回入る。

$\frac{1}{6} + \frac{1}{5} \square \frac{1}{4} \square \frac{1}{3} \square \frac{1}{2}$ の場合，$\frac{1}{5} \square \frac{1}{4} \square \frac{1}{3} \square \frac{1}{2}$ の値は必ず $\frac{1}{5}$ よりも小さくなるから，条件に合う入れ方はない。

同様に，$\frac{1}{6} \square \frac{1}{5} \square \frac{1}{4} \square \frac{1}{3} + \frac{1}{2}$ の場合も条件に合う入れ方はないとわかる。

$\frac{1}{6} \square \frac{1}{5} + \frac{1}{4} \square \frac{1}{3} \square \frac{1}{2}$ の場合，条件に合う入れ方を探すと，$\frac{1}{6} \div \frac{1}{5} + \frac{1}{4} \times \frac{1}{3} \times \frac{1}{2} = \frac{5}{6} + \frac{1}{24} = \frac{20}{24} + \frac{1}{24} = \frac{21}{24} = \frac{7}{8}$ が見つ

かる。また，これ以外に条件に合う入れ方はない。

$\frac{1}{6} \square \frac{1}{5} \square \frac{1}{4} + \frac{1}{3} \square \frac{1}{2}$ の場合，最大でも $\frac{1}{6} \times \frac{1}{5} \times \frac{1}{4} + \frac{1}{3} \div \frac{1}{2} = \frac{1}{120} + \frac{2}{3} = \frac{1}{120} + \frac{80}{120} = \frac{27}{40}$ だから，条件に合う入れ方

はない。以上より，記号の入れ方は，$\frac{1}{6} \div \frac{1}{5} + \frac{1}{4} \times \frac{1}{3} \times \frac{1}{2}$ である。

2 (1) 【解き方】各段の一番右にある数に注目すると，1 段目は 1，2 段目は 1＋2＝3，3 段目は 1＋2＋3＝

6，4 段目は 1＋2＋3＋4＝10，…となっているから，n 段目は 1 から n までの連続する整数の和に等しいの

で，(1＋n)×n÷2 で求められる。

15 段目の一番右にある数は，1＋2＋…＋15＝(1＋15)×15÷2＝120

(2) (1)をふまえる。17 段目の一番右にある数は，1＋2＋…＋17＝(1＋17)×17÷2＝153 だから，18 段目の

一番左にある数は，154 である。19 段目の一番右にある数は，1＋2＋…＋19＝(1＋19)×19÷2＝190 だから，

求める数は，154＋190＝344

(3) (1)をふまえる。一番右にある数に注目すると，23 段目が 1＋2＋…＋23＝(1＋23)×23÷2＝276，24 段目

が 276＋24＝300 となる。24 段目の一番左にある数は 277 だから，289 と書かれた正方形は，24 段目の左から

289－277＋1＝13(番目)にある。

3 【解き方】なおきさんが持っているお金を 120 とすると，みかん 1 個の金額は 120÷30＝4，かき 1 個の金額は

120÷10＝12，あめ 1 個の金額は 120÷120＝1 と表せる。

みかん 2 個，かき 1 個，あめ 3 個を 1 セットとすると，1 セットの金額は 4×2＋12＋1×3＝23 なので，

これを買えるだけ買うと，120÷23＝5 余り 5 より，5 セット買うことができ，残ったお金が 5 となる。

残ったお金であめを 5÷1＝5(個)買えるので，買うのに使った金額は，みかんが 4×2×5＝40，かきが

12×1×5＝60，あめが 1×3×5＋5＝20 となるから，求める比は，40：60：20＝2：3：1

4 (1) 【解き方】元の紙の正方形の 1 辺の長さを 5 として，元の紙の正方形の面積と正方形ア

の面積をそれぞれ求める。

元の紙の正方形の面積は，5×5＝25

右図の色つき部分の三角形の面積は，4×1÷2＝2 だから，正方形アの面積は，

25－2×8＝9　　よって，求める面積の比は，9：25

(2) (1)をふまえると，3×3＝9 より，アの正方形の 1 辺の長さは，3 とわかる。よって，正方形アの対角線の

長さと元の紙の正方形の対角線の長さの比は，1辺の長さの比に等しく，3：5となる。

5 (1) 【解き方】立体を前後左右から見ると，右図のような図形が見える。また，立体を真上から
見ると，1辺が4cmの正方形が見える。

1つの面の面積は，1×1＝1（cm²）

立体を前後左右から見たときに見える図形の面積は，（1＋2＋3＋4）×4＝40（cm²）

立体を真上から見たときに見える図形の面積は，4×4＝16（cm²）

よって，色をぬった部分の面積は，40＋16＝56（cm²）

(2) 【解き方】立体の各段を上から順に1段目，2段目，3段目，…と分けて，段ごとにそれぞれの積み木の色
がぬられている面の数を考える。

1段目の1個の積み木は，5面だけ色がぬられている。

2，3，4段目について，各積み木の色がぬられている面の数を表すと，
右図（上から見た図）のようになる。これより，2面だけ色がぬられてい
る積み木は9個，1面だけぬられている積み木は6個あるから，合計は，
9＋6＝15（個）

2段目
2	3
3	3

3段目
2	1	3
1	0	2
3	2	3

4段目
2	1	1	3
1	0	0	2
1	0	0	2
3	2	2	3

(3) (2)より，色がぬられていない積み木の個数は，5個とわかる。

=《2021　社会　解説》=

1 (1) ①はイ，②はキ，③はエを選ぶ。関東平野を流れる利根川は，日本最大の流域面積の川である。信濃川は越後
平野，雄物川は秋田平野，神通川は富山平野，筑後川は筑紫平野を流れる。

(2) 製造品出荷額が高いBを自動車産業の盛んな愛知県(オ)，面積が広いCを岩手県(キ)，農業産出額が高いDを
畜産業が盛んな鹿児島県(ア)，大阪府より面積が小さいEを，全国で最も面積の小さい香川県(ウ)と判断する。残
った沖縄県(エ)をAと判断する。

(3) 世界自然遺産のうち，②の小笠原諸島は東京都(エ)，④の屋久島は鹿児島県(オ)にある。世界文化遺産のうち，
①の石見銀山は島根県(カ)，③の日光の社寺(日光東照宮)は栃木県(ア)にある。

(4) 山梨県・福島県が生産量上位なのでももと判断し，オを選ぶ。ぶどうは山梨県・長野県，みかんは和歌山県・
愛媛県，なしは千葉県(日本なし)・山形県(西洋なし)，かきは和歌山県・奈良県が生産量上位である。

(5) オ．長野県や群馬県では，夏の涼しい気候をいかして，高原野菜のレタス・はくさい・キャベツなどの時期を
ずらして栽培する方法(高冷地農業による抑制栽培)が盛んである。

(6) 牛乳は鮮度さが求められるため，多くの需要が期待できる東京に近い栃木県・群馬県などでは乳製品に加工せ
ず，そのまま出荷することが多い。一方，大消費地から離れた北海道などでは，消費地に届くまでに時間がかかる
ため，乳製品に加工してから出荷することが多い。

(7) 「京浜工業地帯(川崎市・横浜市)」「貿易港(横浜港・川崎港・横須賀港)」から神奈川県を導ける。

(8) 日本の利根川や信濃川は河口からの距離が400km以下と短いが，標高は1200m程度と高いので，川の流れが急
である。一方，外国のアマゾン川やナイル川は河口からの距離が1200km以上と長いが，標高は400m以下と低いの
で，川の流れがゆるやかという特徴を持つ。

2 (1) 熊野神社（卍）が標高250mの計曲線上にあることから，イを選ぶ。

(2) ウとエが正しい。地図記号は，針葉樹林が「∧」，広葉樹林が「Q」，田が「||」，畑が「∨」である。
ア．地形図上に市役所（◎）は見当たらない。消防署（Y）は町役場（○）の南にある。　イ．地形図上に高等学校（⊗）は見当たらない。寺院（卍）は小・中学校（文）の西にある。

3 (1) 平安時代に国風文化が栄える中でかな文字が発明され，紫式部の『源氏物語』などの文学作品が生まれ，資料1の『源氏物語絵巻』などの大和絵が描かれた。

(2)① 源氏の将軍が3代で途絶えた後，御家人と将軍の主従関係は続いたが，将軍は名目的存在であり，執権の職についた北条氏が政治の実権を握った。　② 侍所は御家人の統制や軍事・警察を担当した。政所は財政，問注所は裁判を鎌倉幕府で担当した。

(3)① 織田信長は，15代将軍足利義昭を追放して室町幕府を滅ぼし，天下統一事業を推し進めた。また，1575年の長篠の戦いで，鉄砲を有効に用いて武田勝頼の騎馬隊を破ったことや，安土城下で，楽市・楽座令によって商人に自由な商売を認めていたことでも知られる。　②A ○を選ぶ。3万の軍勢で尾張の桶狭間に攻め入った駿河の今川義元を，織田信長は3千の兵で打ち破った。　B ○を選ぶ。織田信長は仏教勢力と対立し，キリスト教を保護した。　C・D ×を選ぶ。豊臣秀吉が行った政策である。

(4) 江戸時代の人口割合は，百姓（約84%）＞武士（約7%）＞町人（約6%）＞公家など（約1.5%）であった。よってXはイ，Yはエを選ぶ。

(5) 板垣退助は，薩摩藩や長州藩出身の人物が政府の要職を占める藩閥政治を批判し，国民の政治参加を目指して，民撰議院設立の建白書の提出から自由民権運動を開始した。演説会や新聞を使って運動が進められた結果，国会が開かれることになったため，板垣退助は自由党を結成して国会の開設に備えた。

(6)① 1890年の第1回衆議院総選挙の選挙権は，満25歳以上の男子で15円以上の納税条件がある制限選挙だった。その後，1925年の普通選挙法で満25歳以上の男子のみ選挙権が与えられるようになった。

(7) 1929年にニューヨークのウォール街で株価が大暴落したことから世界恐慌が始まった。日本国内では，多くの会社が倒産して失業者があふれ，アメリカへの生糸の輸出量が激減したことなどを受け，農家の生活が苦しくなった（昭和恐慌）。

4 (1) 国民審査は，最高裁判所の裁判官の適任・不適任を審査する制度である。

(2) 日本国憲法の基本原理の1つである国民主権の観点から，その改正の最終審議には国民投票がおこなわれる。

(3) 右表参照。参議院よりも任期が短く，解散のある衆議院は，主権者の意思をより反映しているといえるため，より強い権限が与えられている（衆議院の優越）。また，参議院には

被選挙権	衆議院議員	参議院議員
被選挙権	満25歳以上	満30歳以上
任期	4年	6年 （3年ごとに半数ずつ改選）
解散	あり	なし

中立で公正な審議をし，衆議院の行きすぎを抑える良識の府としての立場が求められる。

5 (1) 内閣官房長官として新元号「令和」を発表した菅義偉が，2020年9月に内閣総理大臣に就任した。

(2)① 国事行為には内閣の助言と承認が必要となり，内閣がその責任を負う。　② 国事行為は天皇が国家機関として行う形式的・名目的・儀礼的な行為であり，内閣総理大臣の任命，法律の公布，国会の召集，栄典の授与などがある。

1 (1) 虫眼鏡を使って観察するときは，虫眼鏡を目に近づけて持ち，観察物が動かせるときは観察物を動かしながら，よく見える位置をさがす。観察物が動かせないときは，虫眼鏡を持ったまま顔を動かしてよく見える位置をさがす。

(2) 空気はおし縮められるが，水はおしても体積が変わらない。

(3) イ○…温度計に対して垂直の位置から目盛りを読み取る。

(4) アルカリ性の水よう液は赤色リトマス紙を青色に変える。青色リトマス紙の色は変化しない。

(5) 磁石が折れると，左側がN極，右側がS極の磁石が2つできる。

(6) ウ×…日本で月は東から南を通って西に移動する。　エ×…月の動きを同じ場所で1か月間観察すると，毎日同じ時刻に観察できる月は，西から東へ移動していく。

(8) コップの水が蒸発して水蒸気に変化するため，水の量が減る。

(9) ウ×…左下に見えているものを中央に動かすときは，プレパラートを左下に動かす。　エ×…対物レンズとプレパラートの距離を近づけた状態から，対物レンズをプレパラートからはなしながらピントを合わせる。

(10) ふりこの長さが長いほど，1往復する時間は長くなり，ふりこの重さやふれはばが変わっても，1往復する時間は変わらない。

(11) こん虫のあしやはねはすべてむねについている。

(13) ア×…空全体にしめる雲の量が0～8のときが晴れ(特に0～1のときを快晴ということもある)，9～10のときがくもりである。　エ×…台風は日本付近を西から東へ移動することが多いが，移動する方向が必ず決まっているわけではない。

(16) ア．電流計ははかりたい部分に直列に，電圧計ははかりたい部分に並列につなぐ。　イ．針がふりきれて電流計が壊れるのを防ぐため，電流の値が予想できないときは，最も大きい一端子をつなぐ。

(17) 電磁石の極の向きを逆にするには，電流の向きを逆にすればよい。

(18) ちっ素は空気中に約78%，酸素は約21%ふくまれる。

2 (1) 気体検知管を使うときは，チップホルダで気体検知管の両方のはしを折りとり，Gマーク側(矢印のない方)にカバーゴムをつける。気体検知管の矢印の向きに(矢印のある方を)気体採取器に差しこむ。

(3) 葉に日光が当たるAでは，1時間後にふくろの中の酸素が21%(最大値)，二酸化炭素が0.4%(最小値)になった。一方，葉に日光が当たらないBでは，1時間後にふくろの中の酸素が15%(最小値)，二酸化炭素が5%(最大値)になった。最初の葉の酸素は17%，二酸化炭素は3%である。

(4) この実験からは，葉に日光が当たると，酸素を放出し，二酸化炭素を吸収するが，葉に日光が当たらないと，酸素を吸収し，二酸化炭素を放出することがわかる。デンプンを作ることはこの実験からわかることではない。

3 (2) てこでは，左右にかたむけるはたらき〔おもりの重さ(g)×支点からの距離(cm)〕が等しくなるときにつり合うので，支点から力点までの距離が長く，支点から作用点までの距離が短いほど，小さな力でものを持ち上げることができる。

(3) ア，エ○…アは力点が中央にあるてこ，エは支点が中央にあるてこである。

(4) Bについて，右にかたむけるはたらきは20×6＝120だから，左にかたむけるはたらきも120になるように，①の長さを120÷30＝4(cm)にする。また，Aについて，右にかたむけるはたらきは70×20＝1400だから，左にかたむけるはたらきも1400になるように，②の長さを1400÷(30+20)＝28(cm)にする。

2020 解答例
令和2年度

★大阪教育大学附属天王寺中学校

━━━━━━━━━━━━ 《国　語》 ━━━━━━━━━━━━

一　1．メガネは日常生活で使われる実用品であり、《メガネ》は美術館に置かれて人々に芸術作品だと思われたもの。

2．エ　　3．エ　　4．a. 美術館　b. 一つひとつ　　5．美しさが自分を圧倒し、のみこんでくれる

6．一つ目…説明書きに目を凝らした。　二つ目…床に這いつくばって眺めた。　三つ目…写真に収めようとした。

（　一つ目～三つ目は順不同）　　7．これらのモノには美を見出せるが、日常生活とかかわりをもつ工芸であり、ほん

ものの芸術ではないとされてきたから。

二　①くだす　　②ならべる　　③そそぐ　　④しぼる　　⑤やぶる

三　（例文）

　　この言葉から、「しゅに交われば赤くなる」という言葉を思いうかべた。人は付き合う相手によってよくも悪く

もなるという意味だ。自分が「一輪の白い花」だったら、自分だけが周りとちがうという不安やこ独を感じるはず

だ。周囲に合わせた方が楽だという場面も多く、だんだんと赤くなっていくだろう。しかし、すべてを合わせる必

要はない。勇気をもち、変えたくない、ゆずれないという部分は白いままでいることが大事だと思う。

━━━━━━━━━━━━ 《算　数》 ━━━━━━━━━━━━

1　(1)右筆算　　(2)2　　(3)9.42

2　(1)右図　　(2)36

3　(1)右図　　(2)192

4　Aさん…80　　Bさん…60

5　(1)47.1　　(2)15

```
 2 5 × 4 5
     2 0
   8 2 5
   1 0
 1 1 2 5
```

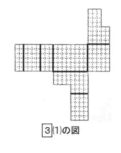

2(1)の図

3(1)の図

━━━━━━━━━━━━ 《理　科》 ━━━━━━━━━━━━

1　(1)でいがん　　(2)極　　(3)まわりの空気より軽くなる性質。　　(4)0.05

(5)たいばん　　(6)ろ過　　(7)大きくなる。　　(8)東からのぼり，西にしずむ。

(9)①ウ　②ア　　(10)根／くき／葉　　(11)ウ　　(12)ピンセット…エ　ハサミ…ウ

(13)発芽前の種子

2　(1)右グラフ　　(2)太いもの　　(3)右図

3　(1)スタンドでかたむけたといの低くなっている方を水の入った水そうに入れ，

砂やどろをふくむ土をといの上の方にのせる。　　(2)砂とどろが交ごに積み重

なった地層になる。　　(3)地下深くまで穴をほって取り出した土や岩石のこと。

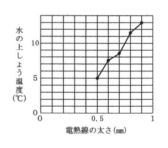

水の上しょう温度（℃）

電熱線の太さ（mm）

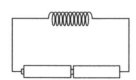

1 ⑴①あ．渡来人　い．大化の改新　②(朝鮮)通信使　③伊藤博文　④大宝律令　⑤B→D→A→C

　　⑵①[作者／時代]　E[エ／イ]　F[ウ／オ]　②国風文化　③ウ　⑶エ→カ→イ→ウ→オ　⑷イ，エ，オ

　　⑸[記号／都道府県]　①[オ／栃木県]　②[カ／岩手県]　③[ウ／奈良県]　④[キ／広島県]

2 ⑴①×　②○　③×　④×　⑵果樹園　⑶イ　⑷尾根

3 ⑴トレーサビリティ　⑵あ．高知県　い．島根県　う．広島県　え．愛媛県　⑶①エ　②中京工業地帯

　　③停電時に電源として利用できる点。　④ジャスト・イン・タイム方式　⑷ウ，エ　⑸(例文)平成23年にお
　　きた東日本大震災・福島第一原子力発電所の事故によって，水揚金額・水揚量とも激減したが，海洋汚染も減り，
　　港も復興されはじめ，水揚金額・水揚量とも平成22年の値に近づいている。　⑹(例文)これまで人間にしかで
　　きないと思われてきた仕事を，ロボットなどの機械が行うようになり，多くの人々が失業する可能性がある。

解答例省略

←解答例は前のページにありますので，そちらをご覧ください。

═《2020　国語　解説》═

一　1　「≪メガネ≫は、いかなる意味で芸術だったのだろう」とあることと、――③の2行後に「≪メガネ≫も美術品のなかに陳列されているからにはきっとそのような作品としての美的価値をもっているはず」とあることに着目する。「メガネ」に≪　≫をつけることで、普段私たちの使う「メガネ」と区別し、美術館に展示され、芸術作品として扱われたことを強調している。

2　直後に「彼らは～人びとが夢中になり、それがあたかも価値と意味をもった一流の芸術作品かのように仕立てあげられていく様子をSNSに投稿し、芸術とは何かを問うた」にあることから、エが適する。人々が、美術館に展示されているものなら、ただのメガネであっても芸術作品だと思い込んでしまう様子から、「芸術とは何か」と問題提起したのである。

3　直後の「私たちは美術館へ行くと、そこにあるモノこそが、美しい芸術だと自動的に想定する」、5～6行後の「美術館のなかに陳列されているからにはきっと～美的価値をもっているはず」に着目する。多くの人は、美術館に展示されているものは、芸術的な価値があるはずだという思い込みで作品を見ている。だから、メガネを芸術作品だと思ってしまった人を笑うことはできないのである。思い込みにとらわれず、芸術の本質をわかっていると言える人は少ないということ。エが適する。

4 a　日常の生活から切り離された別世界であるという意味で、「美術館」を「小宇宙」に例えている。

b　「ものを食べたり、大声を出したり」といった様子が、「生活のざわつき」を具体的に表していると考えられるので、この部分を含む文と、その前の「一つひとつの作品の前で立ち止まり、静かにじっと作品を見つめて過ごす」が答えにあたる2文。

6　「それ」は、芸術作品のもつ「美しさ」を指す。「≪メガネ≫も美術館のなかに陳列されている～もしもその美しさがわからないなら、それは自分の落ち度である。なんとかしてそれを感じとらねばならない」とあるから、美術館のメガネを見て、美しさを感じとるために人々がとった行動を書く。第1段落の最後の1文からまとめればよい。

7　――⑥の「モノ」とは、文化人類学が研究対象としてきた、「仮面や布～装飾品などといった～生活のざわつきを全身にまとう、使用価値にまみれた工芸」品のこと。4で見たように、芸術作品は、「生活のざわつきと切り離された」ところで美しさの感じられるものだから、生活の中で使用されてきたモノは、「芸術」とは言い切れないのである。

═《2020　算数　解説》═

1　(1)　数をかき込む位の位置に気をつけ，次のような手順で計算する。①38の一の位の数と64の十の位の数の積8×6＝48を十の位の数の位置からかく。②38と64の一の位の数同士の積8×4＝32を一の位の数の位置からかき、十の位同士の積3×6＝18を百の位の数の位置からかく。③38の十の位の数と64の一の位の数の積3×4＝12を十の位の数の位置からかく。

最後に，①，②，③でかいた数を，各位の数同士で足し算すればよい(くり上がりの計算もする)。

同様に考えると，25×45は解答例のような筆算となる。

```
    3 8 × 6 4
①    4 8
② 1 8 3 2
③    1 2
  2 4 3 2
```

(2)　$1 \times 2 \div 7 = 2 \div 7 = 0$ 余り $_{ア}\underline{2}$ である。2に2をかけてできる4は，2を2つ足し合わせた数と考えることができるので，4を7で割った余りは，下線部アの2を2つ足し合わせた $2 + 2 = _{イ}\underline{4}$ である。

同様に考えると，$4 \times 2 = 8$ を7で割った余りは，下線部イの4を2つ足し合わせると $4 + 4 = 8$ だから，

$8 - 7 = _{ウ}\underline{1}$ になる。$8 \times 2 = 16$ を7で割った余りは，下線部ウの1を2つ足し合わせた $1 + 1 = 2$ である。

よって，1に2を1回，2回，3回，…かけてできた数を7で割ったときの余りの数は，2，4，1という3つの数がくり返される。2020回かけると，$2020 \div 3 = 673$ 余り1より，2，4，1が673回くり返されて，次に2となるので，余りは2である。

(3)　右のように作図する。三角形ＡＢＣとおうぎ形ＢＥＡの面積の和から，

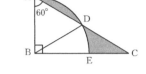

三角形ＡＢＤとおうぎ形ＢＥＤの面積の和の2倍を引けばよい。

三角形ＡＢＤはＢＡ＝ＢＤ＝6㎝で角ＢＡＤ＝60度だから，正三角形である。

三角形ＡＢＣは1辺がＡＣの長さの正三角形を半分にしてできる直角三角形だから，

ＡＣ＝ＡＢ×2＝6×2＝12(㎝)

ＡＤ：ＡＣ＝6：12＝1：2だから，三角形ＡＢＤの面積の2倍は直角三角形ＡＢＣの面積と等しい。

したがって，求める面積は，おうぎ形ＢＥＡの面積からおうぎ形ＢＥＤの面積の2倍を引けば求められる。

角ＤＢＥ＝90−60＝30(度)だから，$6 \times 6 \times 3.14 \times \frac{90}{360} - 6 \times 6 \times 3.14 \times \frac{30}{360} \times 2 = 6 \times 6 \times 3.14 \times (\frac{90}{360} - \frac{60}{360}) =$

$6 \times 6 \times 3.14 \times \frac{1}{12} = 3 \times 3.14 = 9.42$ (㎠)

2 (1)　次のように考えるとよい。

①図Ⅰのように上端と下端の1が一致するように横線をひく。

②図Ⅱのように，1を下端まで移動させ，2，3，4は①でひいた横線を通った位置まで移動させる。

③図Ⅲのように上端と下端の2が一致するように横線をひく。

④図Ⅳのように，2を下端まで移動させ，3，4は③でひいた横線を通った位置まで移動させる。最後に上端と下端の3が一致するように横線をひく。

①～④でひいた横線の本数は $3 + 2 + 1 = 6$ (本)であり，これが最小の本数である。

解答例以外のひき方でも，上端と下端の数が一致し，横線の本数が6本となればよい。

(2)　上端と下端では数字の左右の順番が入れかわっただけなので，(1)の解説と同様に考えることができる。

1を右端まで移動させるのに必要な横線は $9 - 1 = 8$ (本)，2は7本，3は6本，…，8は1本なので，

最も少ない場合の本数は，$8 + 7 + 6 + 5 + 4 + 3 + 2 + 1 = 36$ (本)である。

3 (1)　まず，右図Ⅰの太線部分で折り曲げてみると，右図Ⅱのようになる。

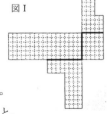
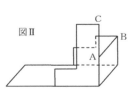

このとき，ＡＢ＝6㎝，ＡＣ＝11−5＝6 (㎝)より，ＡＢ＝ＡＣだから，ＡＢとＡＣが重なるように折り曲げることができる。

あとは，下の面を各辺に合わせて折り曲げると，

図Ⅲのような立体ができる。したがって，折り目となる線は，解答例のようになる。

(2)　(1)の解説の図Ⅲについて，正面の面を底面としてみると，柱体になることがわかる。

底面について，右図のように線を引くと，底面積は $3 \times 8 + 2 \times 4 = 32$ (㎠)と計算できる。

高さはＡＢ＝6cmなので，体積は，32×6＝192（cm³）である。

4 Ａさんの家を点Ｐ，公園を点Ｑと表す。2人が歩き始めてから5分後のＡさんと

Ｂさんの歩いた道のりはそれぞれ，右図ⅠのＰＲ，ＱＳである。

ＲＱ＝ＱＳ，ＰＱ＝700mなので，5分間で2人が歩いた道のりの合計は700mだから，

2人の速さの和は，分速$\frac{700}{5}$m＝分速140mである。

図Ⅱは出発してから5＋30＝35（分後）の図であり，ＰＴ＋ＱＵ＝140×35＝4900（m），

ＱＴ＝ＱＵだから，ＱＵ＝（4900－700）÷2＝2100（m）である。

よって，Ｂさんの速さは，分速$\frac{2100}{35}$m＝分速60m，

Ａさんの速さは，分速（140－60）m＝分速80mである。

5 (1) 円Ａの半径は5mm，円Ａと修正剤が付いているテープを含んだ円の半径は，

【3m使う前】が5＋3＝8（mm），【3m使った後】が5＋2＝7（mm）である。

よって，斜線部分の面積は，【3m使う前】が，8×8×3.14－5×5×3.14＝（64－25）×3.14＝39×3.14（mm²），

【3m使った後】が，7×7×3.14－5×5×3.14＝（49－25）×3.14＝24×3.14（mm²）だから，減った面積は，

39×3.14－24×3.14＝（39－24）×3.14＝15×3.14＝47.1（mm²）である。

(2) (1)より，修正剤が付いているテープ3m分の面積が15×3.14（mm²）だから，修正テープが新品のときの，修正剤が付いているテープの面積がわかればよい。

のばした修正テープは，縦が厚さ，横が長さの長方形と考えることができるので，厚さを1.5倍にすると面積も1.5倍になる。【3m使う前】では，円Ｂの周りにある修正剤が付いていないテープの面積は，

（5＋2）×（5＋2）×3.14－5×5×3.14＝（49－25）×3.14＝24×3.14（mm²）だから，これに修正剤が付いていたときの面積は，24×3.14×1.5＝36×3.14（mm²）である。

よって，修正テープが新品のときの，修正剤が付いているテープの面積は，39×3.14＋36×3.14＝75×3.14（mm²）だから，修正テープの長さは，3×$\frac{75×3.14}{15×3.14}$＝15（m）である。

── 《2020　理科　解説》 ────────────

1 (1) つぶの直径が0.06mm以下のものをどろ，0.06mm〜2mmのものを砂，2mm以上のものをれきという。

(3) ものはあたためられると体積が大きくなる。このとき，重さは変わらないので，同じ体積当たりの重さが軽くなる。したがって，あたためられた空気が上に移動して，熱気球が宙にうく。

(4) 1kg→1000gより，50gは$\frac{50}{1000}$＝0.05（kg）である。

(5) たいばんで，栄養や酸素が母親の血液からたい児の血液に渡され，二酸化炭素などの不要なものがたい児の血液から母親の血液に渡される。このとき，たい児の血液と母親の血液が直接混ざり合うことはない。

(8) 日本では，月は太陽と同じように，東の地平線からのぼり，南の空で最も高くなり，西の地平線にしずむ。

(9) アはじん臓，イは心臓，ウはかん臓，エはぼうこうのはたらきである。

(11) ウ○…日本の上空には，偏西風という強い西風がふいている。この風の影響を受けて，雲などが西から東へ移動するので，日本の天気は，およそ西から東へ変わる。

(13) ヨウ素液はでんぷんに反応して青むらさき色に変化する。種子には発芽と発芽後の少しの間の成長に必要な

んぷんがたくわえられている。したがって，発芽前の種子の方がたくわえられているでんぷんが多く，より青むら
さき色に変化する。

2 (3) 電熱線に強い電流が流れるときほどよく発熱する。電池2個を使って電熱線により強い電流を流すには，2個
の電池を直列つなぎにすればよい。

3 (2) (1)の装置を作ったら，といにのせた砂やどろをふくむ土を水で流す。水そうの水ににごりがなくなってきたら，
もう一度といに砂やどろをふくむ土をのせて，水で流す。このようにすることで，地層ができる。つぶの大きい砂
の方がはやくしずむので，1回目に流した土は，下から砂→どろの順に積もる。もう一度土を流すと，1回目と同
様に下から砂→どろの順に積もるので，2回分を合わせると，下から砂→どろ→砂→どろの順に積み重なった地層
になる。

━━《2020 社会 解説》━━━━━━━━━━━━━━━━━━━━━━━━━━━━━━━━━━

1 (1)①(あ) 大陸から日本に移り住んだ渡来人は，須恵器の製法，漢字や儒学，仏教などを伝えた。 (い) 中大
兄皇子や中臣鎌足らは蘇我氏を滅ぼした後，豪族が支配していた人民や土地を国家が直接支配する公地公民の方針
を示し，政治改革に着手した。この頃，「大化」という元号が初めて用いられたので，この改革を大化の改新という。
② 江戸幕府初代将軍の徳川家康のころに対馬藩の宗氏によって朝鮮の国交が回復し，将軍の代がわりごとに朝鮮
通信使が派遣されるようになった。 ③ 伊藤博文は岩倉使節団の一員として1871年から2年かけて欧米を回った。
君主権の強いプロイセン(ドイツ)の憲法を学んで帰国した後，大日本帝国憲法の制定に力をつくした。 ④ 大
宝律令の「律」は刑罰に関するきまり，「令」は政治のしくみや租税などに関するきまりを意味する。
⑤ B．古墳時代→D．飛鳥時代→A．安土桃山時代・江戸時代→C．明治時代
(2)① E 作者はエ，時代はイを選ぶ。藤原道長は，藤原氏の摂関政治(娘を天皇のきさきとし，生まれた子を次の
天皇に立て，自らは天皇の外戚として摂政や関白となって実権をにぎる政治)が全盛だった頃の摂政であった。和
歌には，自分の娘が立后したことを喜んだ道長の満ち足りた様子が詠まれている。 F 作者はウ，時代はオを
選ぶ。Fの「東海道五十三次」は，浮世絵師の歌川広重の代表作である。 ② 国風文化は，唐風の文化を踏ま
えた，日本の風土や日本人の感情に合った独自の文化である。その中で発明されたかな文字は，和歌，物語，随筆
などで特に女性に広く使用された。 ③ ウ．与謝野晶子は詩人の立場から，内村鑑三はキリスト教徒の立場から，
幸徳秋水は社会主義者の立場から日露戦争を批判した。
(3) エ．日本国憲法制定(1946年)→カ．サンフランシスコ平和条約(1951年)→イ．日本の国際連合加盟(1956年)
→ウ．東京オリンピック(1964年)→オ．沖縄返還(1972年)の順になる。アの関東大震災(1923年)は第二次世界大戦
(1939年～1945年)以前の出来事である。
(4) 三種の神器(白黒テレビ・電気冷蔵庫・電気洗濯機)は東京オリンピックまでに一般家庭に広く普及した。東京
オリンピック後に普及したカラーテレビ・自動車・クーラーは「3C」と呼ばれる。
(5)② カ．中尊寺金色堂を建てた奥州藤原氏は後三年合戦の後に勃興し，約1世紀にわたって平泉を中心に栄えた。
④ キ．平清盛は日宋貿易を進める際，厳島神社に海路の安全を祈願した。

2 (1)① 「×」を選ぶ。右下に注目すると550mと700mの計曲線の間に2本の計曲線があることから，地形図は計
曲線が50mごとの2万5千分の1地形図と判断できる。よって，右下の山の頂上は700mの計曲線より1線内側に
あるので750m以上となり，蜂城山の頂上(738m)よりも高いと判断できる。 ② 「○」を選ぶ。中央あたりに
博物館(🏛)がある。 ③ 「×」を選ぶ。神社(⛩)は7か所ある。 ④ 「×」を選ぶ。東西に通っている

(36)

のは道路である。

(3) イ．京戸川の真ん中あたりに 450m，その左上に 372mとあることから，京戸川は右下(南東)から左(西)の方向に流れていると判断できる。また，京戸川が扇央から扇端の方向に流れていることから判断してもよい。

(4) 尾根は谷と谷に挟まれた山地の一番高い部分の連なりで，山頂から見て外側に出っ張っている部分である。

3 (1) トレーサビリティでは，食品の仕入れ先や，生産・製造方法などの情報を調べられる。

(2) 「あ」は夏の降水量が多いから太平洋側の気候の高知県，「い」は人口が少なく冬の降水量が多いから日本海側の気候の島根県，「う」は人口が多く製造品の生産額が高いから，地方中枢都市広島市で機械工業が盛んな広島県，「え」はくだものの産出額が高いからみかんの生産が盛んな愛媛県と判断する。

(3)① 日本は，鉄鉱石の半分以上をオーストラリアから輸入しているから，エを選ぶ。アはアメリカ，イは中国，ウはサウジアラビアの国旗である。 ② 中京工業地帯(愛知県・三重県)は製造品出荷額が全国一であり，特に自動車や自動車部品の生産が盛んである。 ③ 電気自動車やハイブリッド車(ガソリンエンジンと電気モーターを組み合わせて走る自動車)のバッテリーを利用すれば，災害で停電になっても電気を利用できるため，携帯電話やテレビから情報を入手できる。 ④ ジャスト・イン・タイム方式では余分な在庫が保管されることがほとんどないため，天災などにより部品工場が操業を停止すると，被害のない組み立て工場でも操業を停止せざるを得なくなることがある。

(4) ウとエが正しい。エについて，面積の広い順に並べると，大陸はユーラシア大陸＞アフリカ大陸＞北アメリカ大陸＞南アメリカ大陸＞南極大陸＞オーストラリア大陸，海洋は太平洋＞大西洋＞インド洋となる。 ア．日本の発電量は火力発電が最も多い。 イ．四大公害病は，熊本県・鹿児島県八代海沿岸の水俣病，新潟県阿賀野川流域の新潟水俣病，三重県四日市市の四日市ぜんそく，富山県神通川流域のイタイイタイ病である。 オ．日本の森林面積は国土全体の約68%で，およそ3分の2をしめている。

(5) 2011年の東日本大震災は東北地方に壊滅的な被害をもたらし，太平洋沿岸部に立地していた福島第一原子力発電所では放射能漏れの事故が起こった。この事故を受け，全国の原子力発電所は安全点検のため稼働を停止した。

(6) 電話オペレーターや銀行窓口など，すでにＡＩ(人工知能)に代替されて人員が削減されている職業も多い。解答例のほか，誤作動する可能性があるという問題点を取り上げてもよい。

═══════════════ 《国　語》 ═══════════════

一　1．①はひょっとするとという意味で用い、⑤はまたはという意味で用いている。　2．エ　3．とにした。
　　4．a．ウ　b．イ　5．ア　6．ウ　7．手帳は、必要事項を記入するもので、「手帳」は、毎日の経験
　　の中でおもしろいと思った現象や自分の着想を記録するものである。　8．ア，ウ，エ

二　1．奮　2．量　3．率　4．半　5．険　6．治

三　(例文)番号…③
　　　私は、人間の成長は星を見ることに似ていると思う。明るい屋内から暗い屋外に出て星を見始めると、最初は明
　　るい星しか見えないが、だんだんと目が慣れて、暗い星も見えるようになってくる。このことは、よりたくさんの
　　ことができるようになったり、世の中のいろいろなことが理解できるようになったり、あるいは多くの人と出会い、
　　さまざまな人間関係を築いたりして成長していくのに似ていると思う。

═══════════════ 《算　数》 ═══════════════

1　(1)31　　(2)$1\frac{1}{19}$　　(3)200

2　(1)5　　(2)34

3　(1)25　　(2)20　　(3)3.16

4　(1)48　　(2)9，58

5　(1)840　　(2)①右グラフ　②5：7

6　(1)180　　(2)$\frac{1}{9}$

7　(1)200　　(2)18

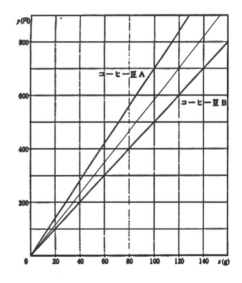

━━━━━━━━━━━━━━━━ 《理　科》 ━━━━━━━━━━━━━━━━

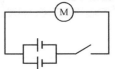

1　(1)子葉　　(2)脈はく　　(3)西　　(4)カ，エ，オ，ウ，イ，ア　　(5)ウ，エ

　　(6)ボーリング試料　　(7)ア，エ　　(8)イ　　(9)ふりこの長さを短くする。

　　(10)プレパラート　　(11)イ　　(12)塩酸／炭酸水　　(13)化石　　(14)右図　　(15)4回

2　(1)とつ然ふっとうするのを防ぐため。　　(2)右グラフ　　(3)ほぼ一定になる。

　　(4)・フラスコの中がくもった。／・湯気が出てきた。／・小さなあわがたく

　さん出てきた。／・大きなあわが出てきた。／・大きなあわがたくさん出て

　きた。

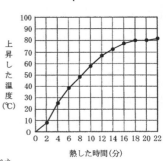

3　(1)①ふくろの中の二酸化炭素の割合を大きくするため。　　②気体が出入りし

　ないようにするため。　　(2)熱くなるので冷めるまで直接さわらないように

　する。　　(3)(・セロハンテープで穴をふさいだ。／)・よく日光に当てた。／

　・約1時間後，気体検知管を用いて，ふくろの中の酸素や二酸化炭素の割合を調べた。

━━━━━━━━━━━━━━━━ 《社　会》 ━━━━━━━━━━━━━━━━

1　(1)①名古屋市　②イ　　(2)Z　　(3)①公害対策基本法　②ラムサール条約　③ナショナルトラスト運動

　　(4)エ⇒イ⇒ウ⇒ア⇒オ　　(5)①中華人民共和国　②西アジアの産油国から，多くの原油を輸入しているため。

　　(6)①関税　②長所…世界各国からさまざまな外国製品が日本に入ってくることで，消費者の選択肢が増える。

　短所…安い外国製品が日本に入ることで，国産品のシェアが減り，国内産業が衰える可能性がある。

2　(1)①江田船山　②推古　③租　　(2)エ⇒ウ⇒イ⇒ア　　(3)ウ，ア　　(4)④雪舟　⑤足利義満　⑥豊臣秀吉

　　(5)エ　　(6)⑦日米修好通商　⑧東郷平八郎　　(7)箱館〔別解〕函館　　(8)日本に関税自主権がなく，外国の領事裁

　判権を認めた点。　　(9)生糸・茶などが大量に輸出され，国内で品不足となり，物価が上昇した。　　(10)木戸孝允

　(11)ウ⇒イ⇒エ⇒ア

3　(1)ＩＲ　　(2)(例文)私は反対します。ＩＲを誘致すると，ギャンブル依存症の日本人が増えたり，誘致した施設周

　辺地域の治安が悪くなったりする危険性があるからです。

━━━━━━━━━━━━━━━━ 《実技教科》 ━━━━━━━━━━━━━━━━

解答省略

←解答例は前のページにありますので，そちらをご覧ください。

═《2019 国語 解説》═

□ 1 ──①は、副詞。可能性は低いが、そうしたこともありうるという気持ちを表す。「～かもしれない」と続いていることがヒントになる。──②は、接続詞。同種のことがらのうち、どれか一つという意味を表す。

2 直前の3段落に着目。『神々の復活』を読んで以来、筆者がダ＝ヴィンチと同じように手帳をつけるようにしたこと、ダ＝ヴィンチと同じく左ききの川喜田二郎が、左手で絵を描くのがうまくなったことが書かれている。これらは青年たちが「それぞれにその（ダ＝ヴィンチの精神の）偉大さに、一歩でもちかづこうとした」ための行動である。──③の次の行に「川喜田君は左ききであることによって～わたしは手帳をつけることによって天才になろうとこころみた」ともある。ダ＝ヴィンチと同じように行動する、あるいはダ＝ヴィンチと自分の共通点を見つけ、自分を重ねているのだから、エが適する。岡本太郎が天才には猪首が多いから、猪首の自分もまた天才だと思ったのも、似たような例である。

3 筆者が「手帳をつけるという習慣を獲得し」た経緯が書かれているのは、「それでわたしは、ダ＝ヴィンチの偉大なる精神にみずからをちかづけるために～手帳をつけることにした」とある、第6段落まで。この後に入る。次の段落で、「ところで」と話題が変わり、手帳の話ではなく、左ききの川喜田二郎の話になっている。

4 a 「天才」、「猪首」、「おれ」にそれぞれ「鳥」、「卵を産む」、「ペンギン」の言葉を当てはめて言いかえたとき、成り立つのはウのみ。よってウが適する。 b aで見たように、「天才」を「鳥」におきかえて考えると、「鳥」の全てが「卵を産む」としても、「卵を産む」全てのものが「鳥」であるとはかぎらない。卵を産むものの中には魚類や爬虫類などもいる。「Aは全てBである。CはBである。だからCはAである」と言った時、Bの全てがAだとは限らないため、この筋道は誤っているということ。よってイが適する。

6 「豆論文」とウ「豆電球」の「豆」は、接頭語で「小さい」という意味を表す。よってウが適する。イ「豆鉄砲」は豆を弾丸に使うおもちゃの鉄砲のことで、「豆」を「小さい」という意味で使っているわけではない。

7 それぞれの波線部のある段落に着目する。「 」のない手帳は「ときどき必要事項を記入する」ものである。電話番号や、会合の時間、場所などを忘れないために記入するもの。それに対して「手帳」は、レオナルド・ダ＝ヴィンチが「なんでもかんでも」書きこんでいたことにならったものである。最後の段落に「わたしたちが『手帳』にかいたのは、『発見』である～これはおもしろいとおもった現象を記述するのである。あるいは、自分の着想を記録するのである」、「それは、わたしの日常生活における知的活動の記録というようなものになっている」とあるので、これらの部分からまとめる。

8 ア．『神々の復活』は、「レオナルド・ダ＝ヴィンチを主人公にした長編小説」（第3段落）である。「わたし」はダ＝ヴィンチが手帳をつけていたことに強い印象を受けたが、メレジュコーフスキイが「手帳の重要性を伝えるため」にこの小説を書いたとは書かれていない。川喜田二郎が、この小説を読んで、ダ＝ヴィンチが左ききだった点に影響を受けていることからも、手帳のことを中心に書いた小説だったとは考えにくい。 イ．筆者は手帳に、自分の発見や着想を文章で書いた。それは結果的に「ちいさな論文」となりうるようなものになったが、「論文作成のためだけ」に手帳をつけているとは書かれていない。よって本文の内容として適当である。 ウ．岡本太郎は、天才には猪首が多いと考えたが、ダ＝ヴィンチとのつながりは書かれていないので、本文の内容と合わない。

エ．アの解説も参照。川喜田二郎は、ダ＝ヴィンチの手帳ではなく、左ききという点に影響を受けた。

よって、ア、ウ、エが文章の内容として不適当である。

□二 1 A．奮発（ふんぱつ）　B．奮って（ふる）
　　2 A．量産（りょうさん）　B．量る（はか）
　　3 A．率直（そっちょく）　B．率いる（ひき）
　　4 A．半島（はんとう）　B．半ばだ（なか）
　　5 A．探検（たんけん）　B．険しい（けわ）
　　6 A．治水（ち すい）　B．治める（おさ）

━━《2019　算数　解説》━━

1 (1) 与式＝(7.3－4.2)×0.25×40＝3.1×10＝31

(2) 与式＝$\frac{5}{2}÷\frac{19}{9}÷\frac{9}{8}＝\frac{5}{2}×\frac{9}{19}×\frac{8}{9}＝\frac{20}{19}＝1\frac{1}{19}$

(3) 与式＝75＋25×85÷17＝75＋125＝200

2 (1) 1段目までの上り方は1通り，2段目までの上り方は2通りあるから，3段目までの上り方は，はじめの1歩が1段なら残りの2段の上り方は2段目までの上り方に等しく2通り，はじめの1歩が2段なら残りの1段の上り方は1段目までの上り方に等しく1通りあるから，3段目までの上り方は，1段目までの上り方と2段目までの上り方の和に等しく1＋2＝3(通り)ある。同じように考えると，4段目までの上り方は，2段目までの上り方と3段目までの上り方の和に等しく，2＋3＝5(通り)

(2) (1)の解説をふまえれば，5段目までの上り方は，3＋5＝8(通り)，6段目までの上り方は，5＋8＝13(通り)，7段目までの上り方は，8＋13＝21(通り)，8段目までの上り方は，13＋21＝34(通り)

3 (1) $\frac{17}{22}$を32倍した数と，$\frac{19}{24}$を32倍した数で比べる。$\frac{17}{22}×32＝24.7…，\frac{19}{24}×32＝25.3…$となるから，□＝25

(2) 5％の消費税をかけると，料金はAセットの値段の1＋0.05＝1.05(倍)になる。店外で食べる場合の料金は，Aセットの値段の$1.05×\frac{8}{7}＝1.2$(倍)になるから，消費税はAセットの値段の，1.2－1＝0.2(倍)，つまり20％にあたる。

(3) 右図のように作図して考える。右図の中に中心角の大きさが90度のおうぎ形があることに注目する。辞典をちょうど真ん中のページで開いたから，おうぎ形の半径は10÷2＝5(cm)になる。

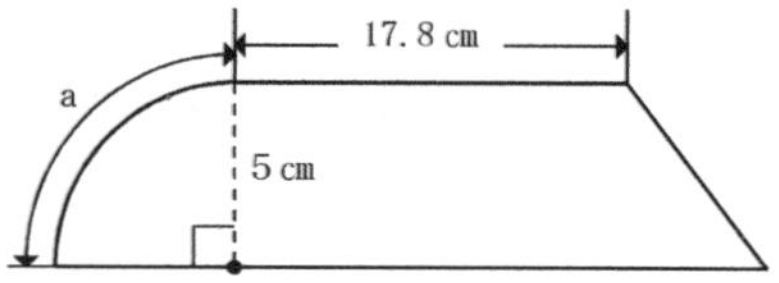

おうぎ形の曲線部分の長さaは，25.7－17.8＝7.9(cm)である。また，aの長さは，半径が5cmの円周の$\frac{1}{4}$の長さだから，(5×2)×(円周率)×$\frac{1}{4}$＝(円周率)×$\frac{5}{2}$でも求めることができる。

よって，円周率は，7.9÷$\frac{5}{2}$＝3.16

4 (1) バスとはるかさんがすれ違った地点をC地点，バスがはるかさんに追いついた地点をD地点とする。A地点とC地点の道のりは，はるかさんが16分間に進んだ道のりに等しく，300×16＝4800(m)である。

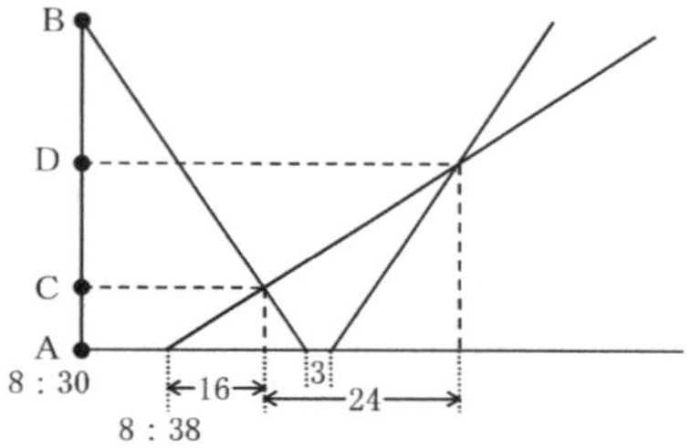

CD間の道のりは，はるかさんが24分間に進んだ道のりに等しく，300×24＝7200(m)である。この24分間に，バスはCA間を往復し，途中3分間停車し，D地点まで進んだことになる。よって，バスは4800×2＋7200＝16800(m)＝16.8(km)を，24－3＝21(分)＝$\frac{21}{60}$(時間)で進んだから，その速さは，時速(16.8÷$\frac{21}{60}$)km＝時速48kmである。

(2) はるかさんの自転車の時速は，時速(300÷1000×60)km＝時速18kmだから，バスと自転車の速さの比は，

48：18＝8：3になる。かかる時間は速さに反比例するから，バスと自転車で同じ道のりを進んだときにかかる

時間の比は3：8になる。よって，バスが8＋16＝24(分間)走ったBC間の道のりを自転車で走ると，24×$\frac{8}{3}$＝

64(分)かかるから，はるかさんの自転車はA地点からB地点までを16＋64＝80(分)で走ることになる。よって，

はるかさんがB地点に着く時刻は，8時38分＋80分＝9時58分

[5] (1) コーヒー豆Aは100gで700円だから，120gで，700×$\frac{120}{100}$＝840(円)

(2)① 600gで3500円だから，120gで3500×$\frac{120}{600}$＝700(円)になるので，(120，700)を通る直線を引けばよい。

② グラフの700円のところを見ると，コーヒー豆Aは100g，コーヒー豆Bは140gである。この2つのコーヒ

ー豆を混ぜ合わせると，700円分のブレンドコーヒーが2セットできるから，その割合は，100：140＝5：7

[6] (1) 右のように作図して，三角形の外角の性質を利用すると，

角x＝角c＋角e，角y＝角b＋角dになるから，

角a＋角b＋角c＋角d＋角e＝角a＋角x＋角yである。

これは三角形の内角の和に等しいから，求める角度は180度

である。

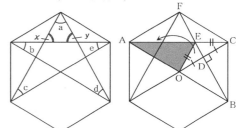

(2) 正六角形の中に6つの合同な正三角形が作図できること

を利用する。右図のように作図すると，三角形OBCは正三

角形だから，BFはOCを垂直に二等分するため，三角形EODと三角形EDCが合同だとわかる。この星型は

左右対称な図形であることから，三角形EODの面積の分を矢印の位置に移動して考えても色を付けた部分の面

積は変わらないので，右図の三角形AOEの面積で考える。三角形AOEと三角形BOEと三角形BCEは合同

になるから，三角形ABCの面積は三角形AOEの面積の3倍である。

OはABの真ん中の点だから，三角形OBCの面積は，三角形ABCの面積の半分になる。正六角形の面積は，

三角形OBCの面積の6倍である。

以上のことから，三角形OBCの面積を1とすると，正六角形の面積は6，三角形ABCの面積は2，

三角形AOEの面積は2×$\frac{1}{3}$＝$\frac{2}{3}$と表せるので，色を付けた部分の面積は，正六角形の面積の，$\frac{2}{3}$÷6＝$\frac{1}{9}$(倍)

[7] (1) この容器の容積は，20×20×10＋20×10×15＝7000(cm³)だから，毎分(7000÷35)cm³＝毎分200cm³

(2) 12分間に入った水の量は200×12＝2400(cm³)である。

右図の斜線部分の三角柱の体積は，(20×20÷2)×10＝2000(cm³)だから，色を付けた

三角柱の体積は2400－2000＝400(cm³)になる。

この三角柱の底面積は10×10÷2＝50(cm²)だから，高さは400÷50＝8(cm)になる。

よって，仕切りの高さは，10＋8＝18(cm)

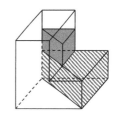

── 《2019 理科 解説》 ────────────

[1] (1) ホウセンカの種には胚乳(はいにゅう)がなく，発芽に必要な養分は子葉にたくわえられている。ホウセンカのように，子

葉が2枚の植物のなかまを双子葉類(そうしよう)という。

(2) 脈はくに対し，心臓が縮んだりゆるんだりして血液を送り出す動きをはく動という。

(42)

(3) 南の空を観察するときは，南を向いて星座早見の南を下にして持ち，上方にかざす。このとき，右手側の方角は西である。

(5) ア．ぬれたぞうきんを用意する。イ．しんは5mmぐらい出すのがよい。オ．火を消すときは，空気のねじ，ガスのねじ，元せんの順番に閉じる。なお，火をつけるときは，元せん，ガスのねじ，空気のねじの順番に開く。

(7) ア．空気はおし縮めるほど，おし返す力が大きくなる。エ．ふたをしなければ，集気びんの口から新しい空気が入ってくるので，ろうそくは燃え続ける。なお，下にすき間があると，さらによく燃える。

(8) 日の入り直後に南の空に見られる月は，太陽がある西側(南を向いているときは右手側)半分が光って見える<ruby>上<rt>じょうげん</rt></ruby>弦の月である。

(9) ふりこが1往復する時間はふりこの長さによって決まっている。ふりこの長さが短いほど，1往復する時間は短くなる。なお，ふれはばやおもりの重さはふりこが1往復する時間に影<ruby>響<rt>えいきょう</rt></ruby>をあたえない。

(11) 日光を集めて明るい点になったとき，明るい部分の大きさが最も小さく，最も明るい。虫眼鏡と黒い紙のきょりを変えると，明るい部分の大きさは大きくなるが，明るさは暗くなる。

(12) 青色リトマス紙を赤色に変化させるのは，酸性の<ruby>水<rt>すいようえき</rt></ruby>溶液である。5種類の水溶液のうち酸性の水溶液は塩酸と炭酸水で，どちらも気体が<ruby>溶<rt>と</rt></ruby>けている水溶液だから，加熱して水を蒸発させると何も残らない。なお，石灰水は固体が溶けているアルカリ性の水溶液，アンモニア水は気体が溶けているアルカリ性の水溶液，食塩水は固体が溶けている中性の水溶液である。

2 (3) 水がふっとうするときの温度は100℃である。水がふっとうしている間は熱し続けても温度はほぼ100℃で一定になるので，上昇した温度もほぼ一定になる。

(4) はじめに出てきた小さなあわは水に溶けていた空気であり，後に出てきた大きなあわは水が液体から気体に姿を変えた水蒸気である。なお，ふっとうとは液体の内部で気体に変化することであり，水は100℃にならなくても水蒸気に変化する。

3 (1) 植物は，光に当たると，水と二酸化炭素を材料にして，でんぷんと酸素をつくり出す。このはたらきを光合成という。①光合成に必要な二酸化炭素を十分にふくませるために，ストローで息をふきこんでいる。はく息には吸う息よりも多くの二酸化炭素がふくまれている。②この実験では，袋の中の気体の割合の変化が，ホウセンカのはたらきによるものだと考えるので，ホウセンカのはたらき以外が原因で気体の割合が変化しないようにする。

(3) 日光に当てた後では，二酸化炭素が減り，酸素が増えるという結果が得られれば，植物が二酸化炭素を取り入れて酸素を出すはたらきを行っていると確かめられる。なお，これに加えて，植物を入れないとう明なふくろで同様の実験を行ったり，植物に日光が当たらないようにして同様の実験を行ったりすることで，植物が日光に当たることで二酸化炭素を取り入れて酸素を出すはたらきを行うことが，よりはっきりと確かめられる。

《2019 社会 解説》

1 (1)① 2005年に愛知県の長久手で開かれた万国博覧会は，愛地球博や愛知万博とよばれる。 ② 愛知県名古屋市は，比較的温暖で夏の降水量が多い太平洋側の気候だから，イが正しい。アは夏と冬の寒暖の差が厳しいことから内陸の気候，ウは冬の降水量(降雪量)が多いことから日本海側の気候と判断できる。

(2) 日本では，1964年(昭和39年)の東京夏季オリンピック，1972年(昭和47年)の札幌冬季オリンピック，1998年(平成10年)の長野冬季オリンピックが開催されている。したがって，長野県のZを選べばよい。Xは人口密度が低く農業産出額が多いことから北海道，Yは人口と人口密度が極端に多いことから東京と判断できる。

⑶① 高度経済成長を遂げた代償として，4大公害をはじめとする公害問題が起き，公害対策基本法が制定された。1993年に環境基本法が成立し，公害対策基本法は統廃合された。 ② ラムサール条約には，釧路湿原，琵琶湖をはじめ全国の多くの湖沼や干潟が登録されている。 ③ 本格的なナショナルトラスト運動として，北海道知床，和歌山県天神崎などでの運動が知られている。

⑷ 東海道新幹線が通過する都道府県は，大阪府→京都府→滋賀県→岐阜県→愛知県→静岡県→神奈川県→東京都だから，エ(岐阜県)→イ(岐阜県・愛知県)→ウ(静岡県西部)→ア(静岡県東部)→オ(神奈川県)になる。

⑸① 安い労働力が豊富な中国から，安価な製品を大量に輸入しているので，中国との貿易は，日本が輸入超過となる貿易赤字になっている。 ② 西アジアとあることから，原油の輸入につなげる。日本が輸入する原油の約80％近くは，サウジアラビア，アラブ首長国連邦，クウェート，カタールなどの西アジアの国々からである。

⑹① 自由な貿易とあることから，関税を導く。自由貿易のための協定をＦＴＡ(自由貿易協定)といい，モノだけではなく知的財産などまで広げたものをＥＰＡ(経済連携協定)とよぶ。 ② 外国製品が国内に入ってきたときに，恩恵を受ける人々が誰で，打撃を受ける人が誰なのかを考えれば，解答例のような解答が導かれる。

2 ⑴① 埼玉県の稲荷山古墳から出土した鉄剣と，熊本県の江田船山古墳から出土した鉄刀の両方から，「獲加多支鹵」と刻まれた文字が確認されたことから，大和朝廷の勢力は九州から関東北部まで及んでいたと言われている。獲加多支鹵(ワカタケル)は，大和朝廷の倭王武・雄略天皇と同一人物であると考えられている。 ② 聖徳太子は，おばである推古天皇に代わって摂政となって政治を行った。

③ 律令制での税については右表を参照。

名称	内容	納める場所
租	収穫した稲の約3％	国府
調	布または特産物	都
庸	10日間の労役にかわる布	都
雑徭	年間60日以内の労役	
衛士	1年間の都の警備	
防人	3年間の九州北部の警備	

⑵ エ(645年)→ウ(710年)→イ(720年)→ア(752年)

⑶ ウ(9世紀末～11世紀)→ア(12世紀)の順である。イは奈良時代の万葉集，エは飛鳥時代の壬申の乱についての記述である。

⑷④ 水墨画から雪舟を導く。雪舟の代表作には，『天橋立図』『秋冬山水図』などがある。 ⑤ 観阿弥・世阿弥から足利義満を導く。観阿弥・世阿弥の起こした能の流派は，現在でも観世流として受け継がれている。

⑥ 明の征服をもくろんだ豊臣秀吉は，明の属国である朝鮮に服属を要求したが断られたため，2度に渡って兵を送った。1度目の文禄の役，2度目の慶長の役を合わせて朝鮮出兵という。李舜臣率いる水軍の抵抗にあい，2度目の慶長の役の途中で，豊臣秀吉がなくなったことで完全撤退となった。撤退するときに朝鮮から連れてきた陶工が，佐賀県で作り始めた焼き物が有田焼，山口県で作り始めた焼き物が萩焼として今に伝えられる。

⑸ 慈照寺銀閣は，室町幕府の8代将軍である足利義政によって建てられたから，エが正しい。足利義政と妻である日野富子の間に男子が生まれなかったために，足利義政の弟の義視をあとつぎとすることとした。しかし，その矢先に富子に男子(義尚)が生まれたことで，2人をあとつぎに推す守護大名たちの権力争いが応仁の乱のきっかけとなった。アは平安時代の末法思想，イは戦国時代の長篠の戦い，ウは江戸時代のシャクシャインの乱の記述である。

⑹⑦ 大老井伊直弼とアメリカの総領事ハリスの間で日米修好通商条約は結ばれ，函館・横浜・新潟・神戸・長崎の5港が開かれた。 ⑧ 日本海海戦で東郷平八郎率いる日本海軍がロシアのバルチック艦隊を撃破したことは，トルコ，フィンランド，ポーランドをはじめとする，植民地支配を受けていた国々の民衆を熱狂させた。

⑺ 日米和親条約で開かれた下田は，日米修好通商条約締結から1年後に閉港となった。

(8)　輸入する外国製品の関税率を決定する権利が関税自主権，国内で罪を犯した外国人を，その外国人の母国の法律で裁く権利が領事裁判権である。

(9)　「日本と世界の金銀の交換比率の違いから，国内の金が大量に国外に流出し，国内の物価が上昇した。」でもよい。

(10)　岩倉使節団には，岩倉具視(公家)・木戸孝允(長州藩)・伊藤博文(長州藩)・大久保利通(薩摩藩)・山口尚芳(佐賀藩)などの使節46名と中江兆民や津田梅子などの留学生43名を含む総勢107名が参加した。

(11)　ウ(1871年)→イ(1877年)→エ(1889年)→ア(1931年)

3　(1)　ＩＲは，Integrated Resort の略称である。

(2)　賛成の場合には，より多くの外国人旅行者が訪れることで，国内での経済効果が見込まれることなどが書かれていればよい。また，反対の場合には，解答例以外にも反社会勢力の介入の危険性などを書いてもよい。

■ ご使用にあたってのお願い・ご注意

（1）問題文等の非掲載

著作権上の都合により，問題文や図表などの一部を掲載できない場合があります。

誠に申し訳ございませんが，ご了承くださいますようお願いいたします。

（2）過去問における時事性

過去問題集は，学習指導要領の改訂や社会状況の変化，新たな発見などにより，現在とは異なる表記や解説になっている場合があります。過去問の特性上，出題当時のままで出版していますので，あらかじめご了承ください。

（3）配点

学校等から配点が公表されている場合は，記載しています。公表されていない場合は，記載していません。

独自の予想配点は，出題者の意図と異なる場合があり，お客様が学習するうえで誤った判断をしてしまう恐れがあるため記載していません。

（4）無断複製等の禁止

購入された個人のお客様が，ご家庭でご自身またはご家族の学習のためにコピーをすることは可能ですが，それ以外の目的でコピー，スキャン，転載（ブログ，ＳＮＳなどでの公開を含みます）などをすることは法律により禁止されています。学校や学習塾などで，児童生徒のためにコピーをして使用することも法律により禁止されています。

ご不明な点や，違法な疑いのある行為を確認された場合は，弊社までご連絡ください。

（5）けがに注意

この問題集は針を外して使用します。針を外すときは，けがをしないように注意してください。また，表紙カバーや問題用紙の端で手指を傷つけないように十分注意してください。

（6）正誤

制作には万全を期しておりますが，万が一誤りなどがございましたら，弊社までご連絡ください。

なお，誤りが判明した場合は，弊社ウェブサイトの「ご購入者様のページ」に掲載しておりますので，そちらもご確認ください。

■ お問い合わせ

解答例，解説，印刷，製本など，問題集発行におけるすべての責任は弊社にあります。

ご不明な点がございましたら，弊社ウェブサイトの「お問い合わせ」フォームよりご連絡ください。迅速に対応いたしますが，営業日の都合で回答に数日を要する場合があります。

ご入力いただいたメールアドレス宛に自動返信メールをお送りしています。自動返信メールが届かない場合は，「よくある質問」の「メールの問い合わせに対し返信がありません。」の項目をご確認ください。

また弊社営業日（平日）は，午前9時から午後5時まで，電話でのお問い合わせも受け付けています。

―― 2025 春

株式会社教英出版

〒422-8054　静岡県静岡市駿河区南安倍3丁目 12-28

TEL　054-288-2131　　FAX　054-288-2133

URL　https://kyoei-syuppan.net/

MAIL　siteform@kyoei-syuppan.net

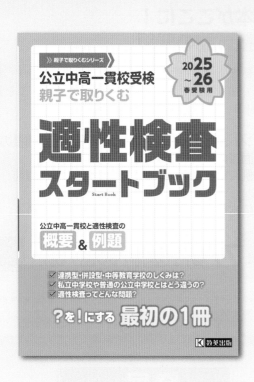

教英出版 2025年春受験用 中学入試問題集

学校別問題集
★はカラー問題対応

北 海 道
① [市立]札幌開成中等教育学校
② 藤 女 子 中 学 校
③ 北 嶺 中 学 校
④ 北 星 学 園 女 子 中 学 校
⑤ 札 幌 大 谷 中 学 校
⑥ 札 幌 光 星 中 学 校
⑦ 立 命 館 慶 祥 中 学 校
⑧ 函 館 ラ・サ ー ル 中 学 校

青 森 県
① [県立]三本木高等学校附属中学校

岩 手 県
① [県立]一関第一高等学校附属中学校

宮 城 県
① [県立]宮城県古川黎明中学校
② [県立]宮城県仙台二華中学校
③ [市立]仙台青陵中等教育学校
④ 東 北 学 院 中 学 校
⑤ 仙台白百合学園中学校
⑥ 聖ウルスラ学院英智中学校
⑦ 宮 城 学 院 中 学 校
⑧ 秀 光 中 学 校
⑨ 古 川 学 園 中 学 校

秋 田 県
① [県立]{大館国際情報学院中学校/秋田南高等学校中等部/横手清陵学院中学校}

山 形 県
① [県立]{東桜学館中学校/致道館中学校}

福 島 県
① [県立]{会津学鳳中学校/ふたば未来学園中学校}

茨 城 県
① [県立]{日立第一高等学校附属中学校/太田第一高等学校附属中学校/水戸第一高等学校附属中学校/鉾田第一高等学校附属中学校/鹿島高等学校附属中学校/土浦第一高等学校附属中学校/竜ヶ崎第一高等学校附属中学校/下館第一高等学校附属中学校/下妻第一高等学校附属中学校/水海道第一高等学校附属中学校/勝田中等教育学校/並木中等教育学校/古河中等教育学校}

栃 木 県
① [県立]{宇都宮東高等学校附属中学校/佐野高等学校附属中学校/矢板東高等学校附属中学校}

群 馬 県
① {[県立]中央中等教育学校/[市立]四ツ葉学園中等教育学校/[市立]太田中学校}

埼 玉 県
① [県立]伊 奈 学 園 中 学 校
② [市立]浦 和 中 学 校
③ [市立]大宮国際中等教育学校
④ [市立]川口市立高等学校附属中学校

千 葉 県
① [県立]{千 葉 中 学 校/東 葛 飾 中 学 校}
② [市立]稲毛国際中等教育学校

東 京 都
① [国立]筑波大学附属駒場中学校
② [都立]白鷗高等学校附属中学校
③ [都立]桜修館中等教育学校
④ [都立]小石川中等教育学校
⑤ [都立]両国高等学校附属中学校
⑥ [都立]立川国際中等教育学校
⑦ [都立]武蔵高等学校附属中学校
⑧ [都立]大泉高等学校附属中学校
⑨ [都立]富士高等学校附属中学校
⑩ [都立]三 鷹 中 等 教 育 学 校
⑪ [都立]南 多 摩 中 等 教 育 学 校
⑫ [区立]九 段 中 等 教 育 学 校
⑬ 開 成 中 学 校
⑭ 麻 布 中 学 校
⑮ 桜 蔭 中 学 校
⑯ 女 子 学 院 中 学 校
★⑰ 豊 島 岡 女 子 学 園 中 学 校
⑱ 東京都市大学等々力中学校
⑲ 世 田 谷 学 園 中 学 校
★⑳ 広尾学園中学校（第2回）
★㉑ 広尾学園中学校（医進・サイエンス回）
㉒ 渋谷教育学園渋谷中学校（第1回）
㉓ 渋谷教育学園渋谷中学校（第2回）
㉔ 東京農業大学第一高等学校中等部
（2月1日 午後）
㉕ 東京農業大学第一高等学校中等部
（2月2日 午後）

神奈川県

① [県立] 相模原中等教育学校
    平塚中等教育学校
② [市立] 南高等学校附属中学校
③ [市立] 横浜サイエンスフロンティア高等学校附属中学校
④ [市立] 川崎高等学校附属中学校
✿⑤ 聖光学院中学校
✿⑥ 浅野中学校
⑦ 洗足学園中学校
⑧ 法政大学第二中学校
⑨ 逗子開成中学校（1次）
⑩ 逗子開成中学校（2・3次）
⑪ 神奈川大学附属中学校（第1回）
⑫ 神奈川大学附属中学校（第2・3回）
⑬ 栄光学園中学校
⑭ フェリス女学院中学校

新潟県

① [県立] 村上中等教育学校
    柏崎翔洋中等教育学校
    燕中等教育学校
    津南中等教育学校
    直江津中等教育学校
    佐渡中等教育学校
② [市立] 高志中等教育学校
③ 新潟第一中学校
④ 新潟明訓中学校

石川県

① [県立] 金沢錦丘中学校
② 星稜中学校

福井県

① [県立] 高志中学校

山梨県

① 山梨英和中学校
② 山梨学院中学校
③ 駿台甲府中学校

長野県

① [県立] 屋代高等学校附属中学校
    諏訪清陵高等学校附属中学校
② [市立] 長野中学校

岐阜県

① 岐阜東中学校
② 鶯谷中学校
③ 岐阜聖徳学園大学附属中学校

静岡県

① [国立] 静岡大学教育学部附属中学校
    （静岡・島田・浜松）
② [県立] 清水南高等学校中等部
    [県立] 浜松西高等学校中等部
    [市立] 沼津高等学校中等部
③ 不二聖心女子学院中学校
④ 日本大学三島中学校
⑤ 加藤学園暁秀中学校
⑥ 星陵中学校
⑦ 東海大学付属静岡翔洋高等学校中等部
⑧ 静岡サレジオ中学校
⑨ 静岡英和女学院中学校
⑩ 静岡雙葉中学校
⑪ 静岡聖光学院中学校
⑫ 静岡学園中学校
⑬ 静岡大成中学校
⑭ 城南静岡中学校
⑮ 静岡北中学校
⑯ 常葉大学附属常葉中学校
    常葉大学附属橘中学校
    常葉大学附属菊川中学校
⑰ 藤枝明誠中学校
⑱ 浜松開誠館中学校
⑲ 静岡県西遠女子学園中学校
⑳ 浜松日体中学校
㉑ 浜松学芸中学校

愛知県

① [国立] 愛知教育大学附属名古屋中学校
② 愛知淑徳中学校
③ 名古屋経済大学市邨中学校
    名古屋経済大学高蔵中学校
④ 金城学院中学校
⑤ 椙山女学園中学校
⑥ 東海中学校
⑦ 南山中学校男子部
⑧ 南山中学校女子部
⑨ 聖霊中学校
⑩ 滝中学校
⑪ 名古屋中学校
⑫ 大成中学校
⑬ 愛知中学校
⑭ 星城中学校
⑮ 名古屋葵大学中学校
    （名古屋女子大学中学校）
⑯ 愛知工業大学名電中学校
⑰ 海陽中等教育学校（特別給費生）
⑱ 海陽中等教育学校（I・II）
⑲ 中部大学春日丘中学校
新刊⑳ 名古屋国際中学校

三重県

① [国立] 三重大学教育学部附属中学校
② 暁中学校
③ 海星中学校
④ 四日市メリノール学院中学校
⑤ 高田中学校
⑥ セントヨゼフ女子学園中学校
⑦ 三重中学校
⑧ 皇學館中学校
⑨ 鈴鹿中等教育学校
⑩ 津田学園中学校

滋賀県

① [国立] 滋賀大学教育学部附属中学校
② [県立] 河瀬中学校
    守山中学校
    水口東中学校

京都府

① [国立] 京都教育大学附属桃山中学校
② [府立] 洛北高等学校附属中学校
③ [府立] 園部高等学校附属中学校
④ [府立] 福知山高等学校附属中学校
⑤ [府立] 南陽高等学校附属中学校
⑥ [市立] 西京高等学校附属中学校
⑦ 同志社中学校
⑧ 洛星中学校
⑨ 洛南高等学校附属中学校
⑩ 立命館中学校
⑪ 同志社国際中学校
⑫ 同志社女子中学校（前期日程）
⑬ 同志社女子中学校（後期日程）

大阪府

① [国立] 大阪教育大学附属天王寺中学校
② [国立] 大阪教育大学附属平野中学校
③ [国立] 大阪教育大学附属池田中学校

④[府立]富田林中学校
⑤[府立]咲くやこの花中学校
⑥[府立]水都国際中学校
⑦清　風　中　学　校
⑧高　槻　中　学　校（Ａ日程）
⑨高　槻　中　学　校（Ｂ日程）
⑩明　星　中　学　校
⑪大　阪　女　学　院　中　学　校
⑫大　谷　中　学　校
⑬四　天　王　寺　中　学　校
⑭帝　塚　山　学　院　中　学　校
⑮大　阪　国　際　中　学　校
⑯大　阪　桐　蔭　中　学　校
⑰開　明　中　学　校
⑱関　西　大　学　第　一　中　学　校
⑲近　畿　大　学　附　属　中　学　校
⑳金　蘭　千　里　中　学　校
㉑金　光　八　尾　中　学　校
㉒清　風　南　海　中　学　校
㉓帝塚山学院泉ヶ丘中学校
㉔同　志　社　香　里　中　学　校
㉕初　芝　立　命　館　中　学　校
㉖関　西　大　学　中　等　部
㉗大　阪　星　光　学　院　中　学　校

兵　庫　県
①[国立]神戸大学附属中等教育学校
②[県立]兵庫県立大学附属中学校
③雲　雀　丘　学　園　中　学　校
④関　西　学　院　中　学　部
⑤神　戸　女　学　院　中　学　部
⑥甲　陽　学　院　中　学　校
⑦甲　南　中　学　校
⑧甲　南　女　子　中　学　校
⑨灘　中　学　校
⑩親　和　中　学　校
⑪神戸海星女子学院中学校
⑫滝　川　中　学　校
⑬啓　明　学　院　中　学　校
⑭三　田　学　園　中　学　校
⑮淳　心　学　院　中　学　校
⑯仁　川　学　院　中　学　校
⑰六　甲　学　院　中　学　校
⑱須磨学園中学校（第1回入試）
⑲須磨学園中学校（第2回入試）
⑳須磨学園中学校（第3回入試）
㉑白　陵　中　学　校

㉒夙　川　中　学　校

奈　良　県
①[国立]奈良女子大学附属中等教育学校
②[国立]奈良教育大学附属中学校
③[県立] 国　際　中　学　校 / 青　翔　中　学　校
④[市立]一条高等学校附属中学校
⑤帝　塚　山　中　学　校
⑥東　大　寺　学　園　中　学　校
⑦奈　良　学　園　中　学　校
⑧西　大　和　学　園　中　学　校

和　歌　山　県
①[県立] 古　佐　田　丘　中　学　校 / 向　陽　中　学　校 / 桐　蔭　中　学　校 / 日高高等学校附属中学校 / 田　辺　中　学　校
②智　辯　学　園　和　歌　山　中　学　校
③近　畿　大　学　附　属　和　歌　山　中　学　校
④開　智　中　学　校

岡　山　県
①[県立]岡　山　操　山　中　学　校
②[県立]倉　敷　天　城　中　学　校
③[県立]岡山大安寺中等教育学校
④[県立]津　山　中　学　校
⑤岡　山　中　学　校
⑥清　心　中　学　校
⑦岡　山　白　陵　中　学　校
⑧金　光　学　園　中　学　校
⑨就　実　中　学　校
⑩岡山理科大学附属中学校
⑪山　陽　学　園　中　学　校

広　島　県
①[国立]広島大学附属中学校
②[国立]広島大学附属福山中学校
③[県立]広　島　中　学　校
④[県立]三　次　中　学　校
⑤[県立]広島叡智学園中学校
⑥[市立]広　島　中　等　教　育　学　校
⑦[市立]福　山　中　学　校
⑧広　島　学　院　中　学　校
⑨広　島　女　学　院　中　学　校
⑩修　道　中　学　校

⑪崇　徳　中　学　校
⑫比　治　山　女　子　中　学　校
⑬福山暁の星女子中学校
⑭安　田　女　子　中　学　校
⑮広　島　な　ぎ　さ　中　学　校
⑯広　島　城　北　中　学　校
⑰近畿大学附属広島中学校福山校
⑱盈　進　中　学　校
⑲如　水　館　中　学　校
⑳ノートルダム清心中学校
㉑銀　河　学　院　中　学　校
㉒近畿大学附属広島中学校東広島校
㉓Ａ　Ｉ　Ｃ　Ｊ　中　学　校
㉔広　島　国　際　学　院　中　学　校
㉕広島修道大学ひろしま協創中学校

山　口　県
①[県立] 下　関　中　等　教　育　学　校 / 高　森　み　ど　り　中　学　校
②野　田　学　園　中　学　校

徳　島　県
①[県立] 富　岡　東　中　学　校 / 川　島　中　学　校 / 城ノ内中等教育学校
②徳　島　文　理　中　学　校

香　川　県
①大　手　前　丸　亀　中　学　校
②香　川　誠　陵　中　学　校

愛　媛　県
①[県立] 今治東中等教育学校 / 松山西中等教育学校
②愛　光　中　学　校
③済美平成中等教育学校
④新田青雲中等教育学校

高　知　県
①[県立] 安　芸　中　学　校 / 高　知　国　際　中　学　校 / 中　村　中　学　校

福 岡 県

① [国立] 福岡教育大学附属中学校
（福岡・小倉・久留米）

② [県立]
育徳館中学校
門司学園中学校
宗像中学校
嘉穂高等学校附属中学校
輝翔館中等教育学校

③ 西南学院中学校
④ 上智福岡中学校
⑤ 福岡女学院中学校
⑥ 福岡雙葉中学校
⑦ 照曜館中学校
⑧ 筑紫女学園中学校
⑨ 敬愛中学校
⑩ 久留米大学附設中学校
⑪ 飯塚日新館中学校
⑫ 明治学園中学校
⑬ 小倉日新館中学校
⑭ 久留米信愛中学校
⑮ 中村学園女子中学校
⑯ 福岡大学附属大濠中学校
⑰ 筑陽学園中学校
⑱ 九州国際大学付属中学校
⑲ 博多女子中学校
⑳ 東福岡自彊館中学校
㉑ 八女学院中学校

佐 賀 県

① [県立]
香楠中学校
致遠館中学校
唐津東中学校
武雄青陵中学校

② 弘学館中学校
③ 東明館中学校
④ 佐賀清和中学校
⑤ 成穎中学校
⑥ 早稲田佐賀中学校

長 崎 県

① [県立]
長崎東中学校
佐世保北中学校
諫早高等学校附属中学校

② 青雲中学校
③ 長崎南山中学校
④ 長崎日本大学中学校
⑤ 海星中学校

熊 本 県

① [県立]
玉名高等学校附属中学校
宇土中学校
八代中学校

② 真和中学校
③ 九州学院中学校
④ ルーテル学院中学校
⑤ 熊本信愛女学院中学校
⑥ 熊本マリスト学園中学校
⑦ 熊本学園大学付属中学校

大 分 県

① [県立] 大分豊府中学校
② 岩田中学校

宮 崎 県

① [県立] 五ヶ瀬中等教育学校
② [県立]
宮崎西高等学校附属中学校
都城泉ヶ丘高等学校附属中学校
③ 宮崎日本大学中学校
④ 日向学院中学校
⑤ 宮崎第一中学校

鹿 児 島 県

① [県立] 楠隼中学校
② [市立] 鹿児島玉龍中学校
③ 鹿児島修学館中学校
④ ラ・サール中学校
⑤ 志學館中等部

沖 縄 県

① [県立]
与勝緑が丘中学校
開邦中学校
球陽中学校
名護高等学校附属桜中学校

もっと過去問シリーズ

北 海 道

北嶺中学校
7年分（算数・理科・社会）

静 岡 県

静岡大学教育学部附属中学校
（静岡・島田・浜松）
10年分（算数）

愛 知 県

愛知淑徳中学校
7年分（算数・理科・社会）
東海中学校
7年分（算数・理科・社会）
南山中学校男子部
7年分（算数・理科・社会）

南山中学校女子部
7年分（算数・理科・社会）
滝中学校
7年分（算数・理科・社会）
名古屋中学校
7年分（算数・理科・社会）

岡 山 県

岡山白陵中学校
7年分（算数・理科）

広 島 県

広島大学附属中学校
7年分（算数・理科・社会）
広島大学附属福山中学校
7年分（算数・理科・社会）
広島学院中学校
7年分（算数・理科・社会）
広島女学院中学校
7年分（算数・理科・社会）
修道中学校
7年分（算数・理科・社会）
ノートルダム清心中学校
7年分（算数・理科・社会）

愛 媛 県

愛光中学校
7年分（算数・理科・社会）

福 岡 県

福岡教育大学附属中学校
（福岡・小倉・久留米）
7年分（算数・理科・社会）
西南学院中学校
7年分（算数・理科・社会）
久留米大学附設中学校
7年分（算数・理科・社会）
福岡大学附属大濠中学校
7年分（算数・理科・社会）

佐 賀 県

早稲田佐賀中学校
7年分（算数・理科・社会）

長 崎 県

青雲中学校
7年分（算数・理科・社会）

鹿 児 島 県

ラ・サール中学校
7年分（算数・理科・社会）

※もっと過去問シリーズは
　国語の収録はありません。

K 教英出版

〒422-8054
静岡県静岡市駿河区南安倍3丁目12-28
TEL 054-288-2131
FAX 054-288-2133

詳しくは教英出版で検索

教英出版　　検索

URL https://kyoei-syuppan.net/

一 次の文章を読み、後の問いに答えなさい。記号も一字と数えて答えること。

（井上京子『もし「右」や「左」がなかったら—言語人類学への招待』出題にあたり改編した部分がある）

（注）
・助数詞…数を表す語の後ろに付けてどのような数量を表す言葉であるかを表す言葉。「本」や「個」「枚」など。
・放物線…物をななめ上に投げたときに、それが描く曲線。
・概念…ものごとについての考え方。
・レネバーグ…ドイツの言語学者。
・リール…糸・ひも・テープ・フィルムなどをまきとるためのわく。
・動機づけ…ここでは原因やきっかけのこと。
・臨界期…脳科学分野の考えで、ある刺激や経験があたえられたとき、その効果が最もよく現れる時期のこと。

1 ——①「素性を少々引き延ばし」のここでの意味として、最も適当なものをア〜エから選び、記号で答えなさい。
ア 「イメージを拡大させて
イ 鉛筆をつなげて延ばして
ウ 本当の意味をあばき出して
エ みんなで新しい意味を考えて

2 ——②「しっかり」が修飾する言葉をぬき出しなさい。

3 ——③「インディケーター」のここでの意味として、最も適当なものをア〜エから選び、記号で答えなさい。
ア 偶然
イ 文法
ウ 分類
エ 目印

大阪教育大学附属天王寺中学校

（その一、その三とともに、九・三〇～一〇・〇〇）

4　次は、この文章を読んだ三人の話し合いの様子の一部です。これを読んで、後の問いに答えなさい。

テツヤ　ぼくの所属する陸上部では、50メートルを一回走ることを「一本走る」と言うよ。

ユキエ　この文章に基づいて考えると、それは一本と数えるのよ。

ゴロウ　そういえば、ヘビも同じような様子だけれど、一本とは数えないね。

テツヤ　それは　A　だからじゃないかな。他に一本と数えるものはあるかな？

ユキエ　あ！電話も一本と数えるよね！

テツヤ　いやいや、電話は一台だよ！

ゴロウ　二人とも、話がかみ合っていないみたいだね。　B

テツヤ　そうか、ぼくたちはそれぞれ違うことを想像していたんだね。　C

① A に入る言葉として、最も適当なものをア～エから選び、記号で答えなさい。

ア　走るときにふる手の軌道が放物線状だ
イ　スタートからゴールまでの軌道が長い
ウ　陸上部で使うバトンの形が筒状だ
エ　走る速さが長く細いイメージに一体化した

② B に入る言葉として、適当な言葉を三字程度で考えて書きなさい。

③ C には、二人の考え方の違いを整理する言葉が入ります。四〇字程度で考えて書きなさい。

40

二　次の①～⑥の下には、三つの言葉がならんでいます。例のように、それぞれの□に入る漢字一字を、右・中・左の順に読むと三字熟語ができます。それぞれ漢字で書きなさい。

例

新
学
期

新参者（新）
小[学]生
定[期]便

①
水□水
張□人
刻□刻

②
社□科
遊□船
□物館

③
試□石
□秋楽
価□観

④
愛□心
大□性
好□都

⑤
大□屋
歌□団
講□料

⑥
不□欠
話□分
私□活

三　次のような場面を想像して、作文しなさい。

　二〇年後の未来では技術革新が進み、過去と電子メッセージのやりとりができるようになりました。ただし、限られた記号を一つだけしか、送ることも受け取ることもできません。さて、現在のあなたのもとに、二〇年後の自分から「？」というメッセージが届きました。あなたは「！」「¥」「&」「%」「♪」のうち、どの記号を返信しますか。

　記号を選んだ上で、このやりとりの内容について、一六〇字以上、二〇〇字以内で説明しなさい。後のマス目は原稿用紙と同じ使い方をすること。

記号

算　数（その１）	受験番号		（配点非公表）

（その２とともに、１０：２０～１１：００）

余白は、計算などに使ってもかまいません。

1　７×７×７×…×７のように、７に７をくり返しかけた積の一の位の数について考えます。このとき、次の問いに答えなさい。

（１）「７に７を10回かけたときの積の一の位の数」を求めなさい。

（２）「７に７を１回かけたときの積の一の位の数」、「７に７を２回かけたときの積の一の位の数」、「７に７を３回かけたときの積の一の位の数」、…、「７に７を2023回かけたときの積の一の位の数」をすべてたした和を求めなさい。

2　４人がけの長いすＡと５人がけの長いすＢを組み合わせて、ちょうど144人分の座席を用意します。長いすＡと長いすＢの組み合わせ方は全部で何通りあるか答えなさい。ただし、どちらの長いすも１台以上使うものとし、用意できる台数に限りはないものとします。

	通り

3　２つの容器Ａ、Ｂがあります。はじめに、２つの容器にそれぞれ水を注ぎ、容器Ａの水の量と容器Ｂの水の量の比が２：５になるようにします。このあと、２つの容器からそれぞれ150mLずつ水を使った結果、容器Ｂの水の量が容器Ａの水の量の３倍になりました。はじめに容器Ｂに注いだ水の量を求めなさい。

	mL

4　辺ＡＢの長さが６cm、辺ＣＤの長さが２cmで、頂点Ｂ、頂点Ｃの角の大きさがそれぞれ 90° の台形ＡＢＣＤをかきます。次に、辺ＢＣ上にＢＦの長さが２cm、ＦＣの長さが６cmとなる点Ｆをとります。さらに、辺ＡＤを直径とする半円をかきます。すると、下の図のように半円は点Ｆを通りました。このとき、あとの問いに答えなさい。

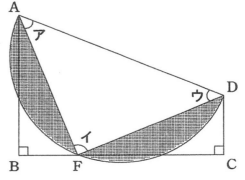

（１）三角形ＡＦＤの内側にできる角ア、イ、ウの大きさをそれぞれ求めなさい。

ア	度	イ	度	ウ	度

（２）図の中の色のついた部分の面積を求めなさい。ただし、円周率は 3.14 とします。

	cm²

算　数　（その　2）	受験番号	

（その1とともに、10：20〜11：00）

余白は、計算などに使ってもかまいません。

5　縦15cm、横20cm、深さ30cmの直方体の形をした、ふたのない水そうがあります。**図1**のように、この水そうの中に1辺が12cmの色がついた立方体と、1辺が6cmの立方体を組み合わせた立体**ア**をおきます。次に、<u>ある量の水</u>を水そうの中に入れると、水面の高さが水そうの底の面から14cmの高さになりました。このとき、あとの問いに答えなさい。ただし、立体**ア**は水に浮くことはなく、水そうの厚みは考えないものとします。

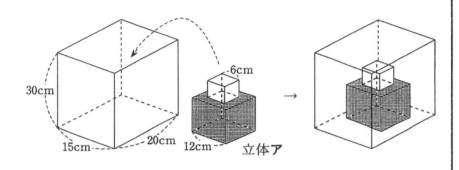

図1

（1）立体**ア**が入っていない空の水そうの中に、問題文の<u>下線部</u>と同じ量の水を入れたときの水面の高さを求めなさい。

	cm

（2）**図2**のように、空の水そうの中に立体**ア**を、上下を入れかえた状態でおきました。問題文の<u>下線部</u>と同じ量の水を入れたときの水面の高さを求めなさい。ただし、わりきれないときは小数第2位を四捨五入しなさい。

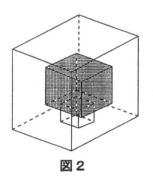

図2

	cm

6　下の表は、あるクラスの30人が受けた10点満点の小テストの結果です。得点が3点、4点、5点、8点の人は、それぞれ1人以上います。また、得点が4点の人は5点の人の3倍いて、得点が3点の人と8点の人は同じ数だけいます。このとき、あとの問いに答えなさい。

得点(点)	0	1	2	3	4	5	6	7	8	9	10
人数(人)	0	1	3				5	1		0	4

（1）得点が3点となる人数について、考えられるすべての場合を答えなさい。

（2）得点の最頻値が4点、中央値が5点のときの平均値を求めなさい。ただし、わりきれないときは小数第2位を四捨五入しなさい。

	点

検査Ⅰ（その1）	受験番号		（配点非公表）

（その2、その3とともに、9：30〜10：10）

1　ひろゆきさんは、祖父母と美術館の日本庭園を見に行ったことをきっかけに、日本古来の庭園に深く興味を持ち、大阪にある祖父母宅の庭を、日本庭園風の庭に改良することにしました。このとき、次の各問いに答えなさい。

（1）　はじめに庭の設計図をかくことにしました。庭の設計図をかく過程で、最近興味を持ったプログラミングを活用しました。**プログラムⅠ・Ⅱ**は練習時に作成したものです。**プログラムⅢ**は庭の設計図用に作成したものです。また、**図1**は**プログラムⅢ**の設計図をかくために台紙として使用したもので、庭全体を示しています。あとの①〜③に答えなさい。ただし、実行するプログラムの左右については、進行方向をもとに考えるものとします。

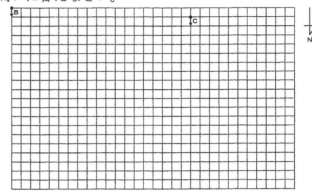

図1

プログラムⅠ
1）　**点A**に移動する。
2）　ペンをおろす。
3）　矢印の方向に向きを変える。
4）　5〜6を4回くり返す。
5）　【　X　】mm 進む。
6）　右に【　90　】度向きを変える。

プログラムⅡ
1）　ペンをおろす。
2）　【　a　】mm 進む。
3）　右に【　b　】度向きを変える。
4）　【　a　】mm 進む。
5）　右に【　c　】度向きを変える。
6）　【　a　】mm 進む。
7）　右に【　d　】度向きを変える。
8）　【　a　】mm 進む。

プログラムⅢ
1）　**点B**に移動する。
2）　ペンをおろす。
3）　矢印の方向に【　1800　】mm 進む。
4）　左に【　90　】度向きを変える。
5）　6〜9を3回くり返す。
6）　【　600　】mm 進む。
7）　左に【　90　】度向きを変える。
8）　【　600　】mm 進む。
9）　右に【　90　】度向きを変える。
10）　右に【　180　】度向きを変える。
11）　【　1800　】mm 進む。
12）　ペンを上げる。
13）　**点C**に移動する。
14）　ペンをおろす。

15）　矢印の方向に向きを変える。
16）　17〜24を4回くり返す。
17）　18〜21を2回くり返す。
18）　【　400　】mm 進む。
19）　左に【　90　】度向きを変える。
20）　【　1200　】mm 進む。
21）　左に【　90　】度向きを変える。
22）　ペンを上げる。
23）　向きはそのままで【　800　】mm 進む。
24）　ペンをおろす。
25）　26〜29を2回くり返す。
26）　【　400　】mm 進む。
27）　左に【　90　】度向きを変える。
28）　【　1200　】mm 進む。
29）　左に【　90　】度向きを変える。

①　**プログラムⅠ**のXを 30 としたときに、かかれる図形を解答らんに示しなさい。ただし、解答らんの1マスは、1辺の長さが 10mm の正方形とします。

②　**プログラムⅡ**は四角形をかくプログラムの一部を表しています。**プログラムⅡ**に示された部分でひし形をかくとき、【a】〜【d】に入る数の適切な組み合わせを次の**ア**〜**エ**から選び、記号で答えなさい。
　　ア　【a】40【b】140【c】80【d】140　　イ　【a】60【b】80【c】120【d】80
　　ウ　【a】60【b】40【c】120【d】40　　エ　【a】40【b】120【c】60【d】120

③　**プログラムⅢ**によってかかれる設計図を解答らんに示し、かいた図形の内部にしゃ線を引きなさい。ただし、解答らんの1マスは、1辺の長さが 200mm の正方形とします。

（2）　（1）③でできる設計図の、しゃ線を引いていない部分に砂利をしきつめます。実際の庭に砂利をしきつめるとき、砂利のこう入に必要な金額は、およそ何円になりますか。四捨五入して、千の位までのがい数で答えなさい。ただし、庭をつくる際の砂利の量を、1m² あたり 70 kg と想定し、砂利は 10 kg あたり 300 円のものとします。

（3）　雑草が生えてくるのを防ぐために、防草シートをしいた上に砂利をしきつめることにしました。設置するときに、「A：※1しゃ光性と※2とう水性が高いタイプのシート」と、「B：しゃ光性は高いがとう水性が低いタイプのシート」のどちらかを考えました。シート下から雑草が生えてくるのを防ぐためにはA・Bのどちらのシートが適切だと考えられますか。記号を選び、その理由をA・Bのシートを比かくした上で説明しなさい。ただし、発芽の3つの条件をすべてかき入れること。
　　※1　しゃ光性…光をさえぎる性質　　※2　とう水性…水を通す性質

検査Ⅰ（その2）	受験番号	

（その1、その3とともに、9：30～10：10）

（4）　祖父母の竹林から竹を切り、ししおどしをつくることにしました。ししおどしは、日本庭園でよく見られる装置です。図2のA～Cは、ししおどしが動いているときのようすを表しており、そのしくみは以下の通りです。

図2

【ししおどしのしくみ】
❶　支柱にある支点で支えられた竹づつに水が注がれる。（Aの状態）
❷　注がれた水が多くなると、水が注がれた側の竹づつの先が下がりはじめる。（Bの状態）
❸　竹づつ内の水が竹づつの外に流れ出る。（Cの状態）
❹　水が注がれていた側が上がり、Aの状態にもどる。その際、竹づつの反対側がたたき台を打って音が出る。

　　図3は、ししおどしに使用する竹の寸法を示した模式図です。両たん部の節をふくめ3つの節があり、内部はこの節ごとに区切られ、節を境に水が行き来できない構造になっています。この竹を使ってできる設計図を、図4のように作成しました。図4のしゃ線部は、水がたまる部分を示しています。あとの①・②に答えなさい。

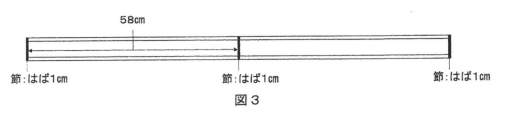

節：はば1cm　　　　　　節：はば1cm　　　　　　節：はば1cm

図3

① 　図5は竹を切るために使用するのこぎりの全体図を示しています。点線でかこまれた部分を横から見たときの刃の形状を、解答らんに図で示しなさい。
② 　図4の設計図でししおどしをつくり、水をあふれるまで注いでも、ししおどしは動きませんでした。つくったししおどしが、図2のように動くためには、図4の設計図でつくったししおどしをどのように改良すればよいか説明しなさい。

（5）　庭でどのような植物を育てられるかを調べるために温度計を設置し、気温をはかることにしました。気温をはかるときの条件を3つかきなさい。

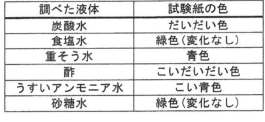

図4

図5

（6）　庭の中にアジサイを植えようと考え、アジサイについて調べました。すると、アジサイの花（がく）は土の性質が酸性のときは青色に、中性のときはむらさき色に、アルカリ性のときは赤色になることが分かりました。そこで、アジサイを植える場所の土の性質を調べるために、家にあった万能試験紙を用いて次のような実験を行いました。調べた結果から、さくことが予想されるアジサイの色は何色になりますか。

〔実験1〕　万能試験紙の色の変化を調べるために、炭酸水・食塩水・重そう水・酢・うすいアンモニア水（虫さされ薬）・砂糖水を用意し、それぞれの水よう液に緑色の万能試験紙をつけました。このときの結果を右の表にまとめました。

〔実験2〕　アジサイを植える場所の土の性質を調べるために、土を水に加えてその上ずみ液に万能試験紙をつけたところ、色が青色に変化しました。

調べた液体	試験紙の色
炭酸水	だいだい色
食塩水	緑色（変化なし）
重そう水	青色
酢	こいだいだい色
うすいアンモニア水	こい青色
砂糖水	緑色（変化なし）

（7）　美術館の庭園に石灯ろうがあったことを思い出し、つくった庭に高さ1mの石灯ろうを置くことにしました。石灯ろうは庭園などで使われる照明用につくられた石の柱のことをいいます。また、図6は祖父母の庭を上から見た図で、庭全体を示しており、黒ぬりの部分は石灯ろうの土台を示しています。夕方の時間帯に庭の中にできる石灯ろうのかげの面積が最も小さくなるのは、図中のア～オのどこになりますか。記号で答えなさい。ただし、太陽の光はさえぎられることなく庭に届くものとします。

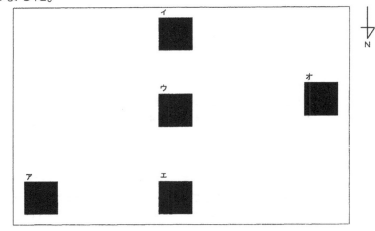

図6

（その1、その2とともに、9：30〜10：10）

1

（1）

① ※1マスは1辺の長さが 10mm の正方形とします。

A →

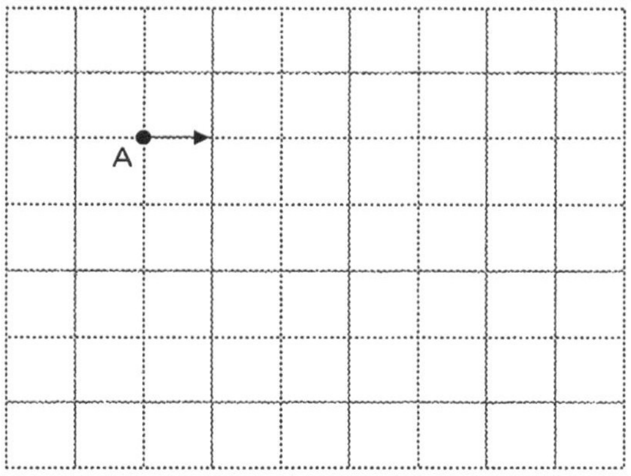

②

③ ※1マスは1辺の長さが 200mm の正方形とします。

B↓　　　C↓

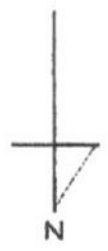

N

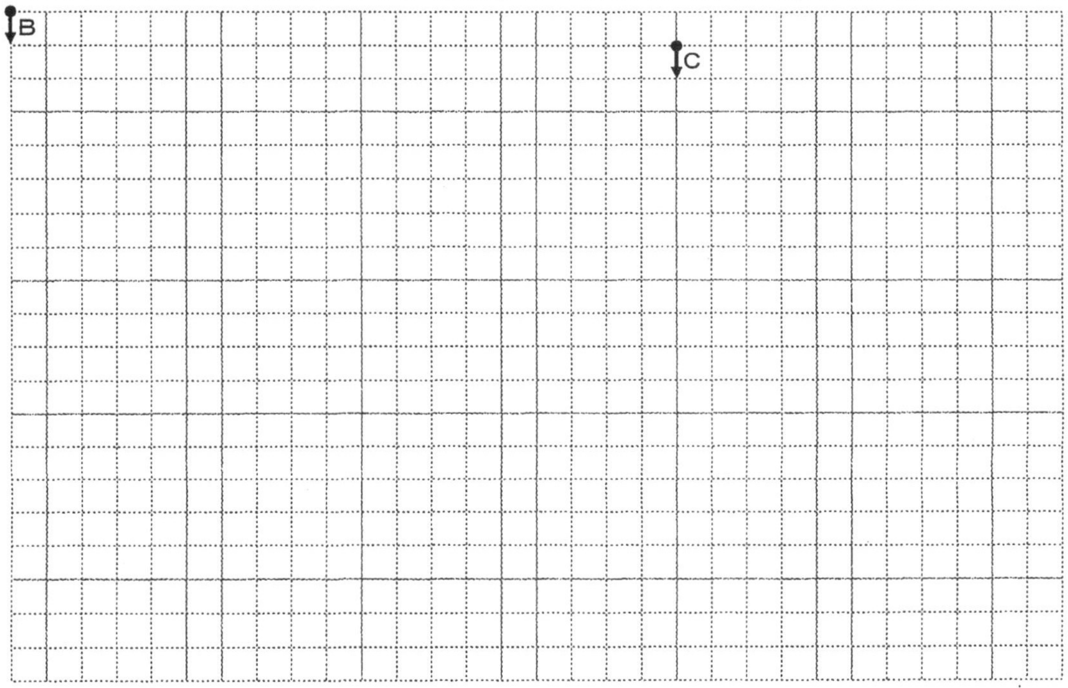

（2）　　　　　　　　　　　　　　　　　　　　　　　　　　　円

（3）
記号	理由

（4）① 　　　　　　　　　　　　　　　②

（5）

（6）　　　　　　　　　（7）

1　ひかるさんたち４人は、滋賀県への宿泊学習前に、滋賀県について調べています。次の問いに答えなさい。

（１）　滋賀県に接する都道府県を、京都府から時計回りにすべて答えなさい。

（２）　滋賀県にはニゴロブナやセタシジミなど地域独自の食材があります。このような、地域独自の食材を用いてつくられる料理を一般的に何というか答えなさい。

（３）　ひかるさんは、滋賀県のウェブサイトに掲載されている、駆除対策の対象となっている有害外来魚の情報を使って、資料１のようにポスターを作成しています。次の問いに答えなさい。

①　資料１の内容として正しいものを次のア～エから１つ選び、記号で答えなさい。

ア　滋賀県で駆除対策の対象となっている外来魚は、主に南アメリカからもたらされたものである。

イ　オオクチバス・コクチバス・ブルーギル・チャネルキャットフィッシュは、現在、琵琶湖での繁殖が確認されている。

ウ　オオクチバスとコクチバスは、ともにブラックバスと呼ばれるが、コクチバスはオオクチバスよりもやや口が小さく、体長もやや小さい。

エ　チャネルキャットフィッシュの別名はビワコオオナマズといい、滋賀県で駆除対策の対象となっている外来魚の中では最大の大きさになる。

②　資料１の内容を読みとり、ブルーギル、コクチバス、チャネルキャットフィッシュと考えられる写真を次のア～ウから１つずつ選び、それぞれ記号で答えなさい。

資料１

滋賀県で駆除対策の対象としている有害外来魚

オオクチバス（ブラックバス）
北米原産の外来魚で、全長 40～60cm 程に成長します。ブラックバスの１種で、名前のとおり口が大きく、上アゴの後ろのはしが目の後ろのふちより後方に位置しています。肉食性で、エビ類やカニ類、魚類を捕食します。1979 年には琵琶湖全域に拡大し、1983 年頃に大繁殖しました。

ブルーギル
北米原産の外来魚で、大きいもので全長 25cm 程まで成長します。エラの後ろの部分にのみ濃い青色が見られます。エビ類やカニ類、稚魚、魚の卵等を捕食します。1965 年以後、生息域を拡大させ、現在では琵琶湖全域に生息しています。

コクチバス（ブラックバス）
北米原産の外来魚で、全長 30～50cm 程に成長します。ブラックバスの１種で、名前のとおりオオクチバスに比べて口が小さく、上アゴの後ろのはしが眼球の中心より前方に位置しています。肉食性で、エビ類やカニ類の他、魚類を特に好んで捕食します。オオクチバスよりも低水温に強く、流水域にも生息できることから、河川上流の分布拡大が心配されます。1995 年に琵琶湖沿岸のマキノ町で確認されました。琵琶湖での繁殖は確認されていませんが、密放流と思われる個体が琵琶湖以外の河川やダムで確認されています。

チャネルキャットフィッシュ（アメリカナマズ）
北米原産の外来魚で、全長は 50cm 前後。大きいものは、100cm を超えます。固有種のビワコオオナマズと同じく口のまわりにはヒゲがあり、うろこは持ちません。琵琶湖では、2001 年に長浜市沖で初めて確認されました。湖や池、河川下流域に生息し、比較的深い水底で生活しています。魚類だけでなく、エビ類やカニ類、貝類、水生昆虫等を捕食します。琵琶湖内での繁殖は確認されていませんが、琵琶湖の出口よりも下流の瀬田川では多数捕獲されていることから、琵琶湖への侵入と繁殖が懸念されています。

（滋賀県ウェブサイトより作成）

ア　　　　イ　　　　ウ

（４）　図１は琵琶湖のほとりにある白鬚神社の位置を示したものです。また、白鬚神社の湖中大鳥居を、図２は湖岸から、図３は上空から、それぞれ撮った写真です。図２の写真の太陽は、朝日と夕日のどちらですか。そのように考えた理由とともに答えなさい。

図１

白鬚神社

図２

図３

検査Ⅱ（その2）	受験番号	

（その1、その3、その4とともに、10：30～11：10）

（5）　琵琶湖のほとりにある針江という地域では、昔から家の中にひいた井戸水で池を作り、野菜やなべを洗うなどして利用しています。使ったあとの水は最終的に琵琶湖に流しています。この池の中にはコイが飼われていますが、このコイは洗い物から出た食べものかすなどを食料にして生きています。コイを飼う目的として最も適切なものを次のア～ウから1つ選び、記号で答えなさい。

　　ア　大きく育てて食用にするため。　　イ　洗い物をした水をきれいにするため。　　ウ　コイを繁殖させるため。

（6）　滋賀県にはスキー場がいくつかあります。次の問いに答えなさい。

①　表1は長浜市の月別の平均降水量と平均気温をまとめたもので、ひかるさんはこれをグラフに表しています。解答らんのグラフを完成させなさい。

表1

	1月	2月	3月	4月	5月	6月	7月	8月	9月	10月	11月	12月
平均降水量(mm)	137	104	111	108	138	165	218	125	160	132	95	138
平均気温(℃)	3	3	7	12	17	21	26	27	23	17	11	6

（気象庁資料より作成）

②　次の文は暖かく服を着る工夫について説明したものです。文中のAとBにあてはまる語をそれぞれ答えなさい。

気温が低くなる冬には、暖かく服を着る工夫をする必要があります。セーターのように、（　A　）を多くふくむ衣服を着ると、暖かく感じることができます。また、（　B　）をすると体と衣服の間に（　A　）の層ができ、熱を保つことができます。

（7）　次の会話文を読んで、あとの問いに答えなさい。

たろうさん：前に車で滋賀県へ行ったことがあるんだ。車から水田が広がっているのが見えたよ。
ひかるさん：高速道路が通っていて、工業も盛んだと聞いたことがあるよ。
しげるさん：繊維工業が盛んなんだってね。明治時代には、多くの人がa群馬県の工場に、技術習得のために派遣されたらしいよ。
はなこさん：滋賀県の伝統織物に、b「近江上布」があるよね。

①　表2は米とキャベツの収穫量と、肉用牛の飼養頭数をそれぞれまとめたものです。A～Dにあてはまる県を次のア～エから1つずつ選び、それぞれ記号で答えなさい。

　　ア　山形県　　イ　群馬県　　ウ　滋賀県　　エ　鹿児島県

②　下線部aは、明治時代の富国強兵の政策でつくられ、世界遺産に登録されています。この施設を何というか答えなさい。

③　ひかるさんたちは、下線部bを使って、ミシンでトートバッグをつくる計画をたてました。より丈夫にするために、ぬい始めとぬい終わりに行うことは何か答えなさい。

表2

	米（t）	キャベツ（t）	肉用牛（頭）
A	151,700	9,840	21,100
B	365,300	3,280	41,700
C	72,300	284,500	57,300
D	86,000	74,500	337,800

（令和4年農林水産省資料より作成）

（8）　表3は滋賀県を訪れる観光客数のがい数を目的別にまとめたものです。表を読みとった内容として正しいものを次のア～エから1つ選び、記号で答えなさい。ただし、内訳の「その他」は考えないものとします。

　　ア　令和4年では、「スポーツ・レクリエーション」を目的とした観光客数は、「自然」を目的とした観光客数の約7倍である。

　　イ　令和4年と令和3年の観光客数の差が最も大きいのは、「行祭事・イベント」である。

　　ウ　令和4年では、「都市型観光」を目的とした観光客数は、「温泉・健康」を目的とした観光客数より約7,000人多い。

　　エ　「歴史・文化」を目的とした観光客数は、令和4年が令和3年の約1.2倍である。

表3

目的	令和4年（千人）	令和3年（千人）	対令和3年増減率（%）
自然	1,200	800	50.0
歴史・文化	9,600	8,000	20.0
温泉・健康	1,800	1,500	20.0
スポーツ・レクリエーション	9,800	8,800	11.4
都市型観光	8,700	6,500	33.8
その他	12,400	10,800	14.8
行祭事・イベント	2,000	600	233.3
合計	45,500	37,000	23.0

（令和4年滋賀県観光統計調査より作成）

（9）　調べたことは表やグラフを用いてまとめることが一般的です。また、表やグラフをつくるときには、適切にデータを収集することが必要です。データの収集方法として正しいものを次のア～オから1つ選び、記号で答えなさい。

　　ア　目的に関係なく、あらゆる種類のデータを収集する必要がある。

　　イ　データの信頼性を確認し、複数の書籍やウェブサイトなどからデータを収集することが大切である。

　　ウ　データを収集する上で、他者のプライバシーの一部を侵害することはやむを得ないため、原則として認められている。

　　エ　インターネットの検索結果の上位にあるデータは重要であるものが多いので、信頼することができる。

　　オ　ニュースサイトやSNSに掲載されているデータはインターネット上で多数の人に見られており、信頼することができる。

検査Ⅱ（その3）	受験番号	

（その1、その2、その4とともに、10：30～11：10）

2　日本は、台風や地震など非常に災害の多い国です。各自治体では、住民を災害から守るために、災害想定や災害に対する備えをまとめた防災マップを作成しています。図1、図2は静岡県富士市の防災マップの一部です。図1では、津波浸水想定区域が、浸水の深さの程度によって色分けして表示されています。また、念のため、浸水の注意をうながす区域としてバッファゾーンが設定されています。図2は駿河湾で津波が発生するしくみを示したものです。あとの問いに答えなさい。

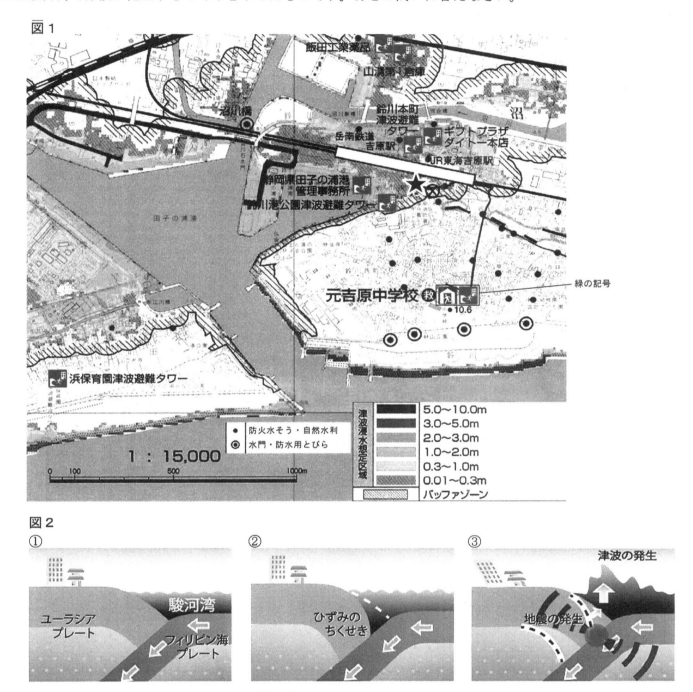

図1

図2

（1）　図1の元吉原中学校には緑の記号が2つあり、1つは避難所の記号です。もう1つの記号の意味を図から読みとり、答えなさい。

（2）　地震が発生した時に図1の★印の位置におり、津波が3分後に到達する場合、あなたならどの方角に避難しますか。移動にかかる時間と地域の様子を考えて4方位で答え、その理由を説明しなさい。なお、人の歩く速さは時速4km、走る速さは時速8kmとします。

（3）　図2を読みとって、津波が発生するしくみについて、「駿河湾の海底をつくっている」で始まり、「津波が発生します。」で終わるように説明文を書きなさい。

検査Ⅱ（その４）	受験番号	

（その１、その２、その３とともに、１０：３０〜１１：１０）

1

（1）	京都府　→

（2）	

（3）	①	
	②	ブルーギル　　コクチバス　　チャネルキャットフィッシュ

（4）	理由：

（5）	

（6）	①	気温(℃) グラフ
	②	A　　　　　B

（7）	①	A	B
		C	D
	②	
	③	

（8）	
（9）	

2

（1）	

（2）	方角：
	理由：

（3）	駿河湾の海底をつくっている 津波が発生します。

検査Ⅲ（その１）	受験番号		（配点非公表）

（その２、その３とともに、１１：３０〜１２：１０）

1　次の文章は2025年日本国際博覧会（大阪・関西万博）についてのものです。これを読み、あとの各問いに答えなさい。

　「万博」は世界中からたくさんの人やモノが集まるイベントで、地球規模のさまざまな課題に取り組むために、世界各地から英知が集まる場です。ₐ1970年に開催された大阪万博（EXPO'70）は、アジアで初めての国際博覧会となり、当時では史上最大の規模を誇りました。テーマソングである♭「世界の国からこんにちは」も大ヒットし、日本の高度経済成長を象徴する一大イベントとなりました。そして、2025年には再び大阪で万博が開催される予定で、20年ぶりに日本で開催される国際博覧会となります。
　c2025年大阪・関西万博の開催目的の１つは、国連が掲げるd「持続可能な開発目標」達成への貢献です。目標年まで残り５年となる2025年は、実現に向けた取り組みを加速するのに極めて重要な年です。2025年に開催される大阪・関西万博は、「持続可能な開発目標」を2030年までに達成するためのプラットフォーム（土台・基盤）になります。

（2025年日本国際博覧会　公式HPより　一部加筆・修正）

（１）　文中の下線部ａについて、これより後の出来事を次のア〜オからすべて選び、記号で答えなさい。

　　　ア　日本の国際連合加盟　　イ　沖縄返還　　ウ　朝鮮戦争開戦　　エ　日中平和友好条約締結　　オ　ベルリンの壁崩壊

（２）　右の楽譜は、文中の下線部ｂの一部分です。これについて、次の①〜③に答えなさい。
　　①　楽譜中Aと Bの記号の違いを説明しなさい。
　　②　はじめから演奏すると楽譜中Cは何小節目ですか。
　　③　この曲をソプラノリコーダーで演奏するとき、楽譜中の❶〜❻の運指を、解答らんの例にならってそれぞれ図で示しなさい。

（３）　資料１は文中の下線部ｃのテーマソングである「この地球の続きを」の歌詞の一部分です。歌詞の中に「100年前」とありますが、2025年の100年前である1925年について、次の①・②に答えなさい。
　　①　1925年に制定された普通選挙法で、選挙権が与えられた人の条件を答えなさい。
　　②　1925年に制定された治安維持法とはどのような法律か、30字以内で説明しなさい。

（４）　文中の下線部ｄについて、この略称をアルファベット４字で答えなさい。

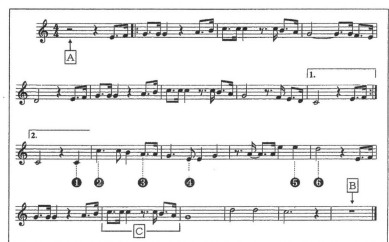

資料１

当たり前に空を飛べる100年先を想像できるかい？
100年前に笑われてた誰かの夢が今を動かしてる

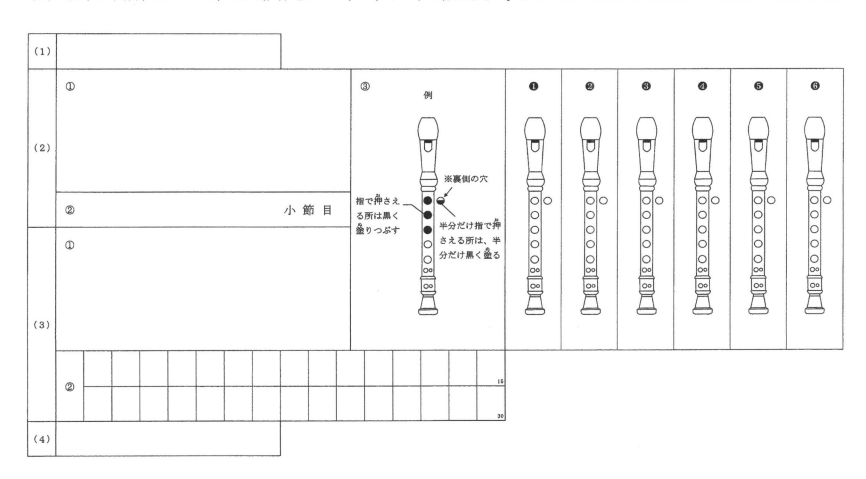

（その1、その3とともに、11：30～12：10）

2　健太さんは、様々なデザインやマークについて調べ、まとめました。これについて、次の各問いに答えなさい。

（1）　資料2は都道府県章の一部をまとめたものです。これについて、次の①～③に答えなさい。

　①　資料中X・Yの都道府県章が示す都道府県名をそれぞれ答えなさい。
　②　資料中Zは埼玉県の都道府県章です。埼玉県の位置として正しいものを、資料3の**ア～ク**から1つ選び、記号で答えなさい。
　③　資料中Zについて、このデザインは古代人の装飾品を円形に並べたものです。このような装飾品を何というか答えなさい。

（2）　次の文は、資料4のマークについて健太さんがまとめたものです。文中の　　　　　に当てはまる文を答えなさい。

　　このマークは、AEDが設置されていることを示すものです。AEDは強力な電流によって、　　　　　　　　　　　　　　　　　　　ための機器です。現在では、公共施設や大型商業施設に設置されていることが多いです。

（3）　健太さんは、資料4のマークを見本にして木版画をつくることにしました。このマークが紙に刷り上がるとき、あとの①・②に答えなさい。ただし、次の手順1～4で作成するものとします。また、資料4の黒い部分はインクがついている部分です。

手順1．木の板に下がきをする。
手順2．下がきをした板を彫刻刀で彫り、木版をつくる。
手順3．木版にインクをローラーでムラなく均一につける。
手順4．木版に刷り紙をのせ、中心から空気を抜くように刷り写し取っていく。

　①　手順1で作成した下がきの絵を、解答らんに描きなさい。ただし、彫刻刀で彫る部分を黒く塗ること。
　②　資料5は手順4の下線部の作業で使用する道具です。この道具を何というか答えなさい。

資料2

都道府県章とは、日本の各都道府県を象徴する紋章です。その多くは、各都道府県の地形や歴史、文化などの特徴をもとにデザインされています。

大阪府　　　　X

Y　　　　Z

資料3

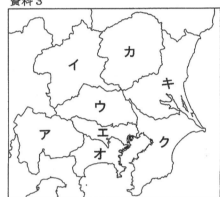

資料4　　　資料5

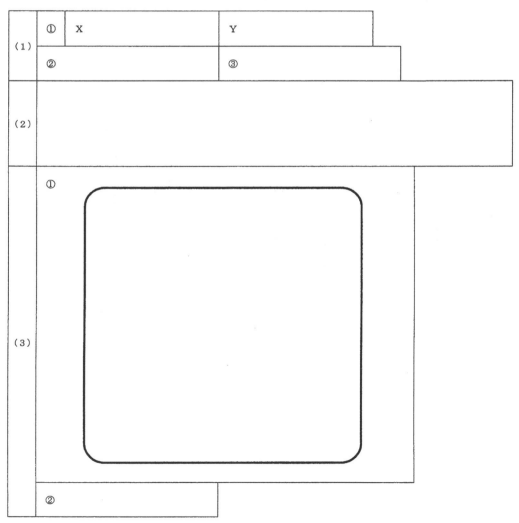

(1)	① X		Y	
	②		③	
(2)				
(3)	①			
	②			

（その1、その2とともに、11：30～12：10）

3　浮世絵や風刺画について、次の各問いに答えなさい。

資料6

（1）資料6は『東海道五十三次』の1つです。これについて、次の①・②に答えなさい。

①　この作者を次のア～エから1つ選び、記号で答えなさい。

ア　葛飾北斎　　イ　歌川広重　　ウ　近松門左衛門　　エ　東洲斎写楽

②　東海道はどれか、次のア～オから1つ選び、記号で答えなさい。

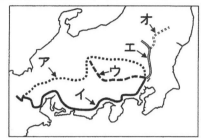

資料7

（2）資料7について、次の①・②に答えなさい。

①　この絵は何の出来事をもとに描いたものか答えなさい。

②　この出来事について、当時の日本国民はどのような不満を持ったのか、また、それによって日本国民が政府に何を求めるようになったのか説明しなさい。

(1)	①		②	
(2)	①			
	②			

4　資料8・9について、次の各問いに答えなさい。

（1）資料8は現在の千円紙幣です。この人物が研究し、自身もそれによって命を落とした感染症は何か答えなさい。

（2）資料9は今年の7月に発行される新千円紙幣です。これについての文を読み、あとの①～③に答えなさい。

資料8
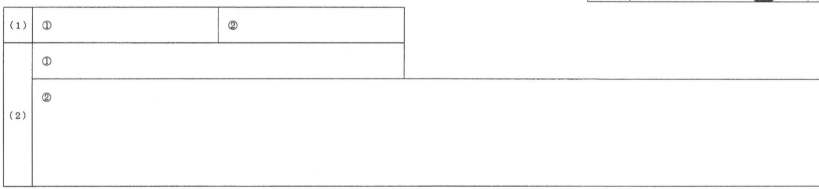

新千円紙幣には、（　X　）という致死率の高い<u>感染症</u>の治療方法を発見した（　Y　）という人物が描かれています。表面の右上と左下には指で触って識別できるように、ざらつきが作られています。また、現在の千円紙幣よりアラビア数字の「1000」という表示が大きくなっています。これらは、<u>b国籍や年齢など、個人の違いにかかわらず、できるだけ多くの人々が使いやすいよう配慮されたデザイン</u>です。

資料9
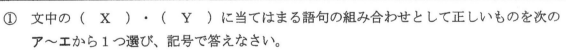

①　文中の（　X　）・（　Y　）に当てはまる語句の組み合わせとして正しいものを次のア～エから1つ選び、記号で答えなさい。

ア　X－破傷風　　Y－北里柴三郎　　イ　X－破傷風　　Y－志賀潔
ウ　X－赤痢　　Y－北里柴三郎　　エ　X－赤痢　　Y－志賀潔

②　文中の下線部aについて、学校生活の中で感染を防ぐための方法として最も不適切なものを次のア～エから1つ選び、記号で答えなさい。

ア　話し合いをするときは距離を空けて密集しないようにする。　　イ　体育の授業など外から戻った時はうがいをする。
ウ　給食を食べる前は手洗いやアルコール消毒をおこなう。　　エ　教室の部屋を閉め切って外気を入れないようにする。

③　文中の下線部bについて、このようなデザインを何というか答えなさい。

(1)		(2)	①		②		③	

令和五年度　一般入試

国　語（その一）

受験番号

（その二、その三とともに、九・三〇〜一〇・〇〇）

（配点非公表）

大阪教育大学附属天王寺中学校

一　次の文章を読み、後の問いに答えなさい。記号も一字と数えて答えること。

「もしも一度だけ魔法が使えたら？」

何を非科学的なことを言っているのだ。学術機関の広報誌ですぞ。というお叱りを受けそうだが、①民話研究者は、わりと日々このようなことばかり考えていると思う。

民話ということばは何気なく使われることが多いが、民間説話の略語であり、人びとのあいだで、口頭で語られるストーリー性のある話を総称したものである。また、民話というとグリム童話の「白雪姫」や「シンデレラ」、あるいは、我が国の「こぶとりじいさん」や「猿かに合戦」などを思い浮かべる方が多いと思うが、学術的には、これらの話は、普通は昔話に分類される。少ししややこしいのだが、民話のなかに昔話、伝説、世間話が含まれるとされるので、これらの話は昔話であると同時に民話でもある。

伝説というのは、史実かどうかはさておき、蛇が財宝を守るというイランの丘の伝説のように場所が特定されるか、「江戸時代の話だが……」というように時が特定される話を指す。世間話とは「あの家のご夫婦、また大喧嘩したらしいよ」といった類いの世間話ではなく、いわゆる都市伝説もしくは現代伝説のことを指す。つまり、「トイレの花子さん」や「口裂け女」の話も民話なのである。

わたしもかつては多くの誤解や用語の混同をしていたのであまり偉そうなことは言えないが、一応、民話にもこういった②定義があることを示しておく。

③　、本稿の依頼内容は、失われゆく民話がもつ力に迫る総論を書くようにというものであった。たしかに、近年、日本のみならず世界中において、口頭による昔話の伝承が衰退傾向にあることは否めない。わたしが専門とするイランでもその傾向は顕著である。しかし、あらゆる民俗事象が衰退傾向にあるかといわれるとそういうわけではなく、例えば、多くの日本人は祭りの季節になると大人も子どももウキウキしだすものだが、このような現象を見ると、各種の祭りはこれからも多くの地域で継承されていくのだろうと思う。イランでも、年に一度おこなわれるアーシューラーの祭りは国を挙げての一大イベントとなる。

また、日本人は怪談や都市伝説が大好きで、特に夏になるとテレビや雑誌でよく特集が組まれる。都市伝説はいくらでも採録できる状況にある。同様に、民話ではないが昔話の採録は近年難しくなってきたと感じる。イラン人も同様で、昔話の採録は近年難しくなっているが、呪術や占いも十分残っている。このように、④　。

わたしは民話という形式にはそんなに「力」があるとは思っていない。しかし、民話のモチーフ、エピソード、話型には「力」があると考えている。先に述べたとおり、近年、昔話の伝承は衰退傾向にあるが、それは映像技術の発達や識字率の向上により、映像や文字を介してストーリーを伝達できるようになったことが大きい。昔話に含まれていたモチーフ、エピソード、話型は、アニメ、ゲーム、コミック、ドラマ、映画、ライトノベルといった新しいジャンルの文化にも多く見られる。現代カルチャーでも、異世界転移、魔法、呪術、鬼、モンスターなどは大人気であるが、これらは、かつて昔話の得意分野であったはずである。⑤民話はいわばヤドカリの殻のようなものであり、本体は次々と殻をかえて生き続ける。殻のひとつに民話や現代カルチャーが含まれると考えるとわかりやすいだろう。

もしもわたしに一度だけ魔法が使えるのなら、その魔法を無限に使えるようにする……というのはナシとして、「魔法、異世界、鬼などが存在するかもしれない」という意識を、未来永劫、世界中の人びとの心に植えつけてみたい。いや、わたしがやらなくても、現在の状況を⑥鑑みるに、すでに過去の誰かが同じ魔法をかけたのかもしれない。

（『月刊　みんぱく』より竹原新「現代に生きる民話」　出題にあたり改編した部分がある）

(注)
・本稿…この文章。
・採録…取り上げて記録すること。
・介して…間に立てて。ここでは「用いて」の意。
・鑑みる…照らし合わせて考える。
・カルチャー…文化。
・モチーフ…文学作品などの題材。
・教養。
・識字率…文字の読み書きができる人の割合。
・未来永劫…これから先、永久に。

1　──①「民話研究者は」という主語に対応する述語をぬき出しなさい。

2　──②「定義」とあるが、ここでの「定義」にもとづいて、正しいと判断できるものを次のア〜オからすべて選び、記号で答えなさい。

ア　昔話は、口頭で語られるストーリー性のある話である。
イ　昔話は民話であって、民話はすべて昔話である。
ウ　昔話は史実であって、伝説は史実ではない。
エ　世間話はすべて昔話に含まれる。
オ　伝説は、場所・人・時間のいずれかが特定されるものである。

3　③　に入る言葉として、最も適当なものを次のア〜エから選び、記号で答えなさい。

ア　だからこそ　　イ　くわえて　　ウ　とりわけ　　エ　さて

4　④に入る内容として、最も適当なものを次のア〜エから選び、記号で答えなさい。

ア　日本では昔話が衰退し、都市伝説が流行しているが、イランではまったくその反対の現象が見られるのである

イ　イランでも日本でも、都市伝説の流行につれて祭りや呪術が衰退していく現象が見られるのである

ウ　昔話は衰退しているが、民話あるいは民俗全体で見ると、必ずしも衰退しているわけではないのである

エ　昔話は衰退していないが、民話あるいは民俗全体で見ると、少しずつ衰退しているのである

5　──⑤「民話はいわばヤドカリの殻のようなものであり、本体は次々と殻をかえて生き続ける」とあるが、「ヤドカリの殻」と「本体」にたとえられているものを明らかにしながら、この文が示す内容を八十字以内で説明しなさい。

80

6　──⑥「現在の状況を鑑みるに、すでに過去の誰かが同じ魔法をかけたのかもしれない」とあるが、この部分から読み取れる筆者の見方について述べたものとして、最も適当なものを次のア〜エから選び、記号で答えなさい。

ア　筆者は、民話研究者の仕事ぶりを指して、魔法をかけていると述べ、そのような人物に自分もなりたいという決意を表明している。

イ　筆者は、過去の誰かが語った民話によって、現在の人びとの心に「魔法や異世界などが存在するかもしれない」という意識が植えつけられていることを、魔法にたとえている。

ウ　筆者は、過去の誰かが語った民話が、民話という形式を保ったまま、現代にも伝承され続けていることを魔法と呼び、賞賛している。

エ　筆者は、世界中で行われている呪術や占いなどが衰退してきた現状を、魔法がとけているとたとえ、その魔法をかけ直す必要性を感じている。

二　次の①〜⑤の〔　〕内の言葉に共通して続く言葉として、最も適当なものを後の【語群】から選び、〔　〕に書きなさい。

①
傘を
肩を
口を
〔　　〕

②
話を
実を
手を
〔　　〕

③
ごみを
人望を
ひたいを
〔　　〕

④
鼻を
紙を
筆を
〔　　〕

⑤
パスを
気を
車を
〔　　〕

【語群】
・うつす　・ほどく　・まじえる　・うつ　・さばく　・まとめる　・ほす
・すぼめる　・おる　・まわす　・かわす　・つげる　・なげる　・よぶ　・あつめる

三　あなたが出版したいと思う本を企画し、提案しなさい。本の種類は、物語、写真集、雑誌、図鑑等、どんな種類でもかまいません。後の□□に書名を書き、マス目に提案の本文を一六〇字以上、二〇〇字以内で書きなさい。マス目は原稿用紙と同じ使い方をし、文字はていねいに書くこと。

書名

提案

（100）　　　　　　　　（50）

（200）　　　　　　　　（150）

| 算　数（その　１） | 受験番号 | | （配点非公表） |

（その２とともに、１０：２０～１１：００）

余白は、計算などに使ってもかまいません。

1　2023 と 2023 の積は７桁の数になります。この数を１桁ずつ１枚のカードにかいて、合計７枚のカードを作ります。その７枚のカードを並び替えてできる７桁の数のうち、10 番目に大きい数を答えなさい。

2　黄色の絵の具 89mL と緑色の絵の具 123mL を混ぜた容器があります。この容器に、黄色と緑色の絵の具を同じ量ずつ追加して、黄色と緑色の絵の具の量の割合が４：５となる黄緑色を作りたいです。このとき、黄色と緑色の絵の具をそれぞれ何 mL ずつ増やせばよいか求めなさい。

mL

3　ある時刻に自宅を出発し、歩いて図書館へ向かいます。分速 100ｍで歩くと 9 時 30 分に到着し、分速 50ｍで歩くと 10 時 15 分に到着します。10 時ちょうどに図書館に到着するときの速さを求めなさい。ただし、出発してから到着するまで歩く速さは変わらないものとします。

分速　　　　　m

4　次の問いに答えなさい。

（１）小学生６人が、50 点満点の算数のテストを受けました。この６人のうち、５人のテストの得点は以下の通りです。

14、17、26、29、47　（点）

このテストを受けた６人の得点の中央値は 27.5 点でした。この６人の得点の平均値として考えられる値は「・・・点以上、・・・点以下」か求めなさい。

点以上、　　　　　点以下

（２）小学生９人が、50 点満点の国語のテストを受けました。9 人のテストの得点は以下の通りです。

39、23、42、a 、44、27、b 、17、33　（点）

このテストの得点の平均値が 30 点、最頻値が 23 点のとき、a、b の値を求めなさい。ただし、$a < b$ とします。

$a =$ 　　　　　、 $b =$

余白は、計算などに使ってもかまいません。

5　ある平行四辺形の各辺の長さを、図1のように矢印の方向へ何倍か伸ばします。伸ばした先の点を結んでできる四角形を四角形ABCDとします。四角形ABCDともとの平行四辺形について、次の問いに答えなさい。

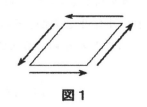

図1

（1）図2は、平行四辺形の各辺の長さをすべて2倍に伸ばしてできた四角形ABCDです。このとき、四角形ABCDの面積は、もとの平行四辺形の面積の何倍であるか求めなさい。

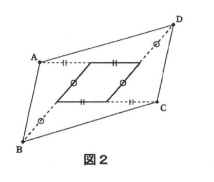

図2

| | 倍 |

（2）平行四辺形の各辺の長さをすべて5倍に伸ばしたとき、四角形ABCDの面積は、もとの平行四辺形の面積の何倍であるか求めなさい。

| | 倍 |

（3）平行四辺形の各辺をすべて何倍か伸ばしたとき、四角形ABCDの面積が、もとの平行四辺形の面積の265倍となりました。このとき、もとの平行四辺形の各辺をすべて何倍に伸ばしたのか求めなさい。

| | 倍 |

6　1辺が1cmの立方体の面どうしを合わせて立体を作り、図1のように「真上」、「前面」、「右側」から見るとき、次の問いに答えなさい。

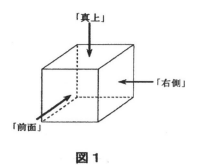

図1

（1）図1のように「真上」、「前面」、「右側」から見たとき、すべて図2のように見える立体を作ります。図2で表される立体の体積のうち、最も大きい値を求めなさい。

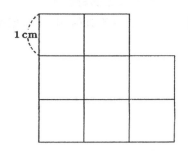

図2

| | cm³ |

（2）図1のように「真上」、「前面」、「右側」から見たとき、すべて図3のように見える立体を作ります。図3で表される立体の体積のうち、最も大きい値を求めなさい。

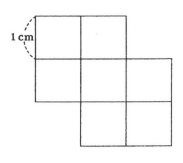

図3

| | cm³ |

検査Ⅰ（その１）	受験番号		（配点非公表）

（その２、その３とともに、　９：３０〜１０：１０）

1　図１は、自転車の主な６つの部品【フレーム・後ろの車輪の歯車・車輪・タイヤ・チェーン・ペダルつきの歯車】を示したものです。自転車のフレームは鉄からつくられているものの他に、アルミ、カーボンと呼ばれる材料からつくられているものが多いです。このような自転車について、次の問いに答えなさい。

図１

（１）　自転車のフレームは色がぬられていることが多く、見た様子からは材料の判断ができません。このとき、鉄・アルミ・カーボンから鉄のフレームを探すことができる方法を、次の**ア〜エ**から最も適切なものを１つ選びなさい。

　　　ア　かん電池と豆電球と導線を使って、豆電球がつくか確認してみる。
　　　イ　自転車を軽くたたいて、音を聞いてみる。
　　　ウ　磁石を近づけて、引きよせられるかどうか調べてみる。
　　　エ　息をふきかけて、くもりがでるか確認してみる。

（２）　図２は鉄・アルミ・カーボンの１cm³あたりの重さと、１kgあたりの価格を示したグラフです。図２を見てカーボンという材料の特徴を説明しなさい。

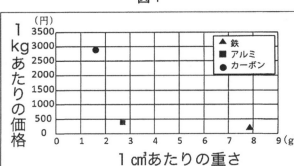

図２

（３）　図３は自転車のタイヤが地面に接している部分を拡大した様子で、タイヤの中には空気が入っています。空気の量は、多すぎても少なすぎても事故や故障につながるので、適切な最大の量と最小の量があります。最大の空気の量と、最小の空気の量のそれぞれの状態で自転車に乗って段差にさしかかったとき、タイヤの形にはどのようなちがいがでますか。そのちがいがわかるような図を解答用紙にかきなさい。

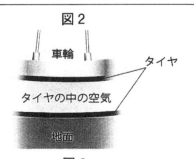

図３

（４）　自転車のペダルつきの歯車と後ろの車輪の歯車は、図４のようにチェーンと呼ばれるくさりのようなものでつながっていて、ペダルをふんで歯車を回転させたとき、Aの位置の歯が３コマ先のBの位置まで動くと、後ろの車輪の歯車のCの位置の歯も３コマ先のDの位置まで動きます。ペダルつきの歯車の歯数が５０枚で、後ろの車輪の歯車の歯数が３０枚のとき、次の問いに答えなさい。ただし、ここではどの場合も、ペダルにかけた力は後ろの車輪をまわすことに使われているものとします。

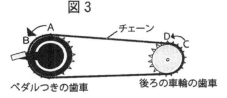

　　①　ペダルつきの歯車を１２回転させると、後ろの車輪の歯車は何回転するか答えなさい。

　　②　平たんな道で自転車をこいでいます。自転車のタイヤの直径が７０cmで、ペダルつきの歯車を１分間に７２回転させると、自転車は時速何kmで走るか答えなさい。ただし、円周率は３.１４とし、速さは四捨五入して整数で答えること。

ペダルつきの歯車　　後ろの車輪の歯車

図４

2　ヒロユキさんは肥料の濃さが植物の成長にあたえる影響を調べるために、ハツカダイコンを用いて下記のような手順で実験を行うことにしました。このとき、あとの問いに答えなさい。

【実験方法】
①　１〜５の番号が書かれた５つの植木鉢に、ハツカダイコンの種子を１粒ずつ植え、それをA〜Fの６セット用意し、すべて同じ日当たりの室内で栽培する。
②　A〜Fのそれぞれのセットに25mLのカップ１杯、２杯、３杯、４杯、５杯、６杯の水を、毎日午前10時と午後３時にあたえる。ただし、１日目、11日目、21日目のそれぞれの午前10時の給水時に、水にとけやすい肥料を混合する。そのとき、混合する肥料の濃さ（水１Lあたりの肥料の重さ）をA〜Fのそれぞれのセットにおいて、0.00g、0.06g、0.12g、0.18g、0.24g、0.30gと変える。
③　ハツカダイコンは30日間育てたあとに収かくし、水洗いして根の重さを測定する。

（１）　ハツカダイコンの種子が発芽するための条件は何ですか。水のほかに２つ答えなさい。
（２）　ヒロユキさんの【実験方法】②は、肥料の濃さが植物の成長にあたえる影響を調べるための適切な方法ではありません。どのようにしたらよいか答えなさい。
（３）　ヒロユキさんは、【実験方法】②で適切な実験を行った結果、表１の通りとなりました。表１の(d)、(f)にあてはまる数を答えなさい。また、同じ条件の植木鉢を５つずつ用意する理由も答えなさい。
（４）　（３）で完成した表１の値を用いて、肥料の濃さとハツカダイコンの成長にあたえる影響をあらわすグラフを解答用紙にかきなさい。ただし、横軸を水１Lあたりの肥料の重さとし、縦軸を何とするか記入すること。
（５）　【実験方法】③において、根の重さの測定以外にも、肥料の濃さがハツカダイコンの成長にあたえる影響を調べることができます。ハツカダイコンの何を測定すればよいか１つ答えなさい。

表１　肥料の濃さとハツカダイコンの根の重さの関係

	水１Lあたりの肥料の重さ (g)	植木鉢１の根の重さ (g)	植木鉢２の根の重さ (g)	植木鉢３の根の重さ (g)	植木鉢４の根の重さ (g)	植木鉢５の根の重さ (g)	合計の重さ (g)	平均の重さ (g)
A	0.00	80	83	82	79	86	410	82
B	0.06	109	110	108	107	106	540	108
C	0.12	118	119	117	119	117	590	118
D	0.18	131	127	128	126	発芽せず	512	(d)
E	0.24	138	141	139	137	140	695	139
F	0.30	122	121	123	121	123	610	(f)

3　イクコさんとヒロシさんは、それぞれ異なる材料や道具や工具を使って、工作をします。イクコさんは紙を使って、図1のような「X」の文字が飛び出すカードを作ります。ヒロシさんは木材を使って、図2のような、物を置くための台を作ります。それぞれが行った作業工程は下記の通りです。用意している道具や工具は、色えんぴつ・消しゴム・定規・のこぎり・カッターナイフ・げんのう（かなづち）・やすり・スティックのり・くぎです。それ以外は使わないこととします。このとき、あとの問いに答えなさい。

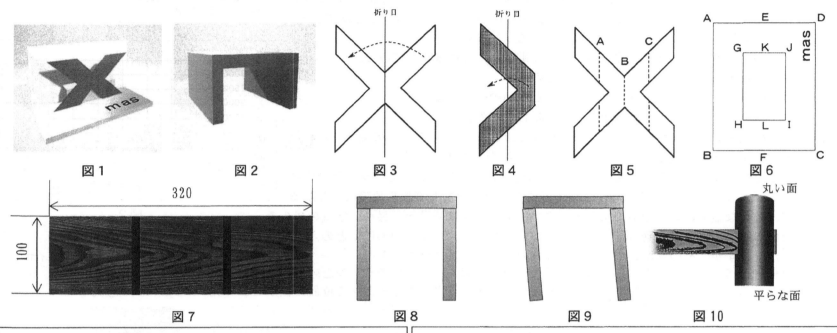

図1　図2　図3　図4　図5　図6

図7　図8　図9　図10

イクコさんの作業工程

① 紙を「X」の形に切る。
② 飛び出すカードにするための台紙図6を用意する。
③ 図6のように台紙の飛び出せる部分を黄色でぬる。
④ 台紙に「mas」を書き入れる。
⑤ 台紙のAがDに、BがCにそれぞれ重なるように「mas」を内側にして【 a 】折りにする。
⑥ 図6のように「mas」が見えるようにカードを開く。
⑦ 【 b 】をカッターナイフで切り、【 c 】を【 d 】折りにする。
⑧ 作業工程⑤でできた折り目EF上にある、折り目KLを【 e 】折りにする。
⑨ ①で作った「X」を、図6の長方形KLIJにスティックのりで図1のようにはりつける。

ヒロシさんの作業工程

① 縦100mm、横320mm、厚さ10mmの木材を用意する。
② 図7のように、木材の横320mmの辺について、端から定規で100mmはかり、線をひく。その線から10mm幅をとって線をひき、100mmはかり、線をひく。さらに、その線から10mm幅をとって線をひき、100mm残っているか確認する。
③ 図7のように10mm幅を黒くぬり、10mm幅の間を切断する。
④ 切断した木材を縦100mm、横100mm、厚さ10mmになるように、やすりでけずる。
⑤ 切断した3つの木材を使って、図8のような台を組み立てる。
⑥ 組み立てた木材にげんのうを使って、図10の平らな面でくぎを打つ。仕上げとして、げんのうの丸い面でくぎを打ち固定する。

（1）　図1のような「X」をもう1枚用意し、表面は白色、裏面は黒色にぬりました。用意した「X」を図3、4のように折りました。さらに半分に折った「X」の紙を元通りに広げると、図5の点線のように折り目が入りました。図5において、折り目A、B、Cは、それぞれ『ア　山折り・イ　谷折り』のどちらになっているか、記号ア・イのどちらかで答えなさい。

（2）　イクコさんの作業工程内の【 a 】～【 e 】に入る文字の組合せとして、次のア～オから最も適切なものを1つ選びなさい。

ア　【 a 】山　　【 b 】GJとHI　　【 c 】GHとJI　　【 d 】山　　【 e 】谷
イ　【 a 】谷　　【 b 】GJとHI　　【 c 】GHとJI　　【 d 】谷　　【 e 】山
ウ　【 a 】谷　　【 b 】GJとHI　　【 c 】GHとJI　　【 d 】山　　【 e 】山
エ　【 a 】谷　　【 b 】GHとJI　　【 c 】GJとHI　　【 d 】谷　　【 e 】山
オ　【 a 】山　　【 b 】GHとJI　　【 c 】GJとHI　　【 d 】山　　【 e 】谷

（3）　ヒロシさんが、作業工程②、③で幅を10mmとって黒くぬった理由を2つ答えなさい。

（4）　ヒロシさんが、組み立てた台に物を置いてみると、図9のように台のあしの部分が曲がってしまいました。そこで、台の上に重たい物を置いてもこわれにくいように、補強することにしました。ヒロシさんは、縦10mm、横60mm、厚さ10mmの木材を1本用意し、加工して、くぎで固定しました。このとき、台を補強する方法として、次のア～エから最も適切なものを1つ選びなさい。

ア　　　　　　　　　イ　　　　　　　　　ウ　　　　　　　　　エ

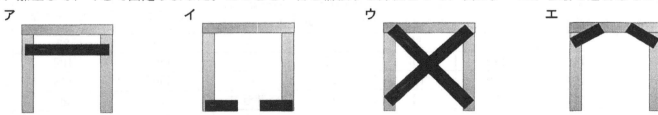

（5）　ヒロシさんが作業工程⑥で仕上げとして、げんのうの丸い面を使用した理由を答えなさい。

令和５年度　一般入試

検査Ⅰ(その３)	受験番号	

(その１、その２とともに、９：３０～１０：１０)

1

(1)		
(2)		
(3)		
(4)	①	回転
	②	時速　　　　km

最大の空気量のとき
車輪
段差のある地面
最小の空気量のとき
車輪
段差のある地面

2

(1)				
(2)				
(3)	(d)		(f)	
	理由			

2

(4)	
(5)	

3

(1)	A		B		C	
(2)						
(3)						
(4)						
(5)						

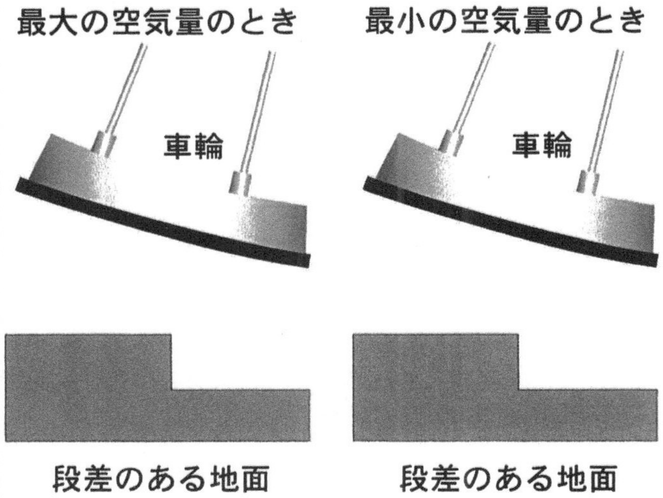

（その２、その３とともに、10:30～11:10）

① 次の先生と生徒の会話文を読んで、あとの問いに答えなさい。

先生：道路という言葉はみなさんも聞いたことがありますね。そもそも道路の役割は交通路を提供することです。交通の中には、人の移動とa物の輸送、そして情報の通達があります。昔は情報も人が自ら移動して伝えるものであり、そのため素早く移動できる交通手段が必要でした。それらの機能を備えた道を駅路といいます。駅の名前の由来はここにあります。

生徒：素早く移動できる交通手段、昔は車や電車などはなかったですよね。

先生：速く走る動物を利用しましたよ。みなさんは、駅の漢字からその動物が何かわかりますか。

生徒：あ、馬を乗りついで情報を速く通達する工夫をしていたということですね。

先生：そうです。駅路は、馬が速く走ることができるように整備しておかなければならず、b移動に必要な馬を備えた駅を、馬が走ることのできる間隔に置きました。c通信技術が発達し、情報の取得手段も多様化している現代社会に生きる私たちには、想像することが難しいかもしれませんね。それから時代が進み、関ヶ原の合戦に勝利した徳川家康は、d江戸を中心とする五街道を整備しました。e東海道・（ Ａ ）・日光道中・奥州道中および甲州道中です。戦いにおいて道路は一般に（ Ｂ ）が有利で、（ Ｃ ）は不利とされてきました。（ Ｂ ）は見通しがよいので敵の攻撃に強く、逆に（ Ｃ ）は上からおそわれる可能性が高いことから、戦いに不利とされました。東海道の箱根峠から東への道筋は、鎌倉時代以来、湯坂道という尾根道が選ばれてきました。それに対して江戸時代の五街道としての東海道では、旧街道と現在呼ばれているような谷筋の須雲川道を選んでいます。これは、f現在でもいくつかの茶屋があるように、旅人が水を得るのに都合がよい道筋です。箱根旧街道を歩きながら上をながめると、北側に尾根が続いていますが、そこを走るのが湯坂道で、現在もハイキング道として残っています。

（武部健一『道路の日本史』中公新書　2015年発行　をもとに作成）

（１）　下線部ａについて、次の文は、日本と貿易がさかんな「ある国」の説明文です。「ある国」の国名を答えなさい。
　　・国土が日本の約25倍で、北緯40度 東経116度に首都がある。

（２）　下線部ｂについて、実際の距離を５万分の１に縮小した地図上で、駅と駅の間が32cmでした。このとき、駅と駅の間の実際の距離は何 km であるか答えなさい。

（３）　下線部ｃについて、資料１と資料２から読みとれることを、次のア～エから１つ選び、記号で答えなさい。
　　ア　1997年から2021年の個人のインターネット利用率は増加し続け、2021年のパソコン利用者の割合は、家庭用ゲーム機利用者の割合の約２倍となっている。
　　イ　2021年では、個人のインターネット利用率が2001年の約２倍になっており、スマートフォンの利用も増加している。
　　ウ　2021年では、個人のインターネット利用率が８割をこえており、利用端末はスマートフォンが最も多い。
　　エ　個人のインターネット利用率は今後も下がり続け、タブレット型端末の利用が増えていく。

（４）　下線部ｄについて、次のⅠ・Ⅱはかつて東海道が通った都道府県について述べたものです。それぞれの都道府県名を答えなさい。
　　Ⅰ　石油化学工業がさかんで、かつて四日市ぜんそくが社会問題となった。
　　Ⅱ　自動車の生産がさかんで、また渥美半島では電照菊の栽培がさかんである。

（５）　会話文の（ Ａ ）に当てはまる語を答えなさい。

（６）　会話文の（ Ｂ ）と（ Ｃ ）に当てはまる語を、それぞれ文中からぬき出して、答えなさい。

（７）　下線部ｅについて、現在は東海道新幹線が整備されています。新幹線は回生ブレーキというしくみで、ブレーキをかけたときにモーターを活用して発電を行っています。そこで、発電によって得られる電流について調べるために、図１のような装置を用意して発電を行い実験しました。表１は実験操作と結果をまとめたものです。次の①・②に答えなさい。
　①　図１を、電気用図記号を用いて図に表しなさい。
　②　表１から、発生した電流についてわかることを２つ説明しなさい。

（８）　下線部ｆについて、東海道は茶の名産地を通ります。「せん茶」は約何℃のお湯でいれるとよいか答えなさい。

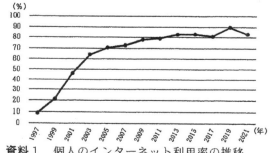

資料１　個人のインターネット利用率の推移
（総務省「通信利用動向調査」より）

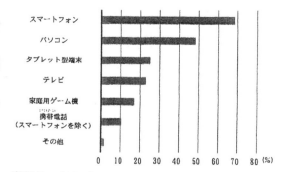

資料２　2021年のインターネット利用者における利用端末の種類
（総務省「通信利用動向調査」より）

図１

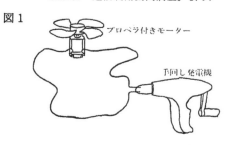

表１

	ハンドルを回す向きや速さ	プロペラ付きモーターのようす
Ⅰ	ゆっくりと一方向に回した。	プロペラ付きモーターが回った。
Ⅱ	Ⅰと同じ向きに、Ⅰより速く回した。	Ⅰと同じ向きに、Ⅰより速く回った。
Ⅲ	Ⅰとは逆向きに、Ⅰと同じ速さで回した。	Ⅰとは逆向きに、Ⅰと同じ速さで回った。

② たかこさんは、高知県の親せきの家に遊びに行き、高知県の自然や産業について調べました。次の問いに答えなさい。

（１）資料３は岡山・広島・鳥取・香川・高知の各県のいずれかを表しています。高知県に当てはまるものを資料３の**ア～オ**から１つ選び、記号で答えなさい。

（２）高知県について述べた文として、正しいものを次の**ア～オ**から１つ選び、記号で答えなさい。

ア 四国地方の他の３県と接している。
イ 本州・四国連絡橋で淡路島と結ばれている。
ウ ナスの生産量が全国で最も多い。
エ 年間降水量が少なく、ため池が多くつくられてきた。
オ 自動車・造船などの工業がさかんである。

	面積 （km²）	平均標高 （m）	農業生産額 （億円）	工業出荷額 （億円）
ア	3,507	373	727	7,815
イ	7,114	314	1,457	77,041
ウ	1,877	167	792	27,111
エ	7,104	433	1,069	5,855
オ	8,480	386	1,213	97,415

資料３　農林水産省「2021年 生産農業所得統計」と
経済産業省「2021年 工業統計」をもとに作成

（３）たかこさんは飲食店に入った際に、カツオを使った料理が多いことに気づきました。高知県はソウダガツオの全国漁獲量が最も多い県です。そこでカツオを使った郷土料理について調べました。次の①・②に答えなさい。

① カツオのたたきを作るときには、束にしたわらを燃やしてカツオをあぶって調理します。次の文は、あぶるのにわらを使う理由を説明したものです。文中の（ Ａ ）～（ Ｃ ）に当てはまる語を答えなさい。

・カツオのたたきを作るときは、わらを燃やしてあぶることで、カツオ特有の（ Ａ ）を消すことができます。わらは、使用前に十分にかんそうしているため（ Ｂ ）が少なく、細長い形のためすきまができて（ Ｃ ）が通りやすく、よく燃え続けます。

② 高知県では、ソウダガツオを利用して鰹節が多くつくられます。鰹節をうすくけずったものを使って出汁をとる場合の手順として、最も適切なものを次の**ア～ク**から１つ選び、記号で答えなさい。

ア 水に鰹節を入れて加熱し、ふっとうしたらすぐに火を止め、鰹節がしずむ前にこす。
イ 水に鰹節を入れて加熱し、ふっとうしたらすぐに火を止め、鰹節がしずんでからこす。
ウ 水に鰹節を入れて加熱し、ふっとうしたら５分ほどゆでて、鰹節がしずむ前にこす。
エ 水に鰹節を入れて加熱し、ふっとうしたら５分ほどゆでて、鰹節がしずんでからこす。
オ ふっとうした湯に鰹節を入れて、すぐに火を止め、鰹節がしずむ前にこす。
カ ふっとうした湯に鰹節を入れて、すぐに火を止め、鰹節がしずんでからこす。
キ ふっとうした湯に鰹節を入れて、５分ほどゆでて、鰹節がしずむ前にこす。
ク ふっとうした湯に鰹節を入れて、５分ほどゆでて、鰹節がしずんでからこす。

（４）たかこさんは、親せきが住んでいる高知県の馬路村について調べました。すると、馬路村の特産品がユズであるとわかりました。次の①・②に答えなさい。

① ユズの果汁の性質を調べるためにリトマス紙を使用すると、青色のリトマス紙が赤色に変化し、赤色のリトマス紙は変化しませんでした。ユズの果汁は何性か答えなさい。

② リトマス紙が①と同じ結果になる水よう液を２種類答えなさい。

（５）高知県では冬の温暖な気候をいかして、ピーマンなどの栽培がさかんに行われています。たかこさんは、気候以外にも収穫量を増やすための工夫があるのではないかと思い、調べました。次の①～③に答えなさい。

① 高知県の冬が温暖である理由を「季節風」と「海流」の語を用いて説明しなさい。

② 高知県では、ピーマンなどの収穫量を増やすために、ある気体を発生させる装置をビニールハウス内に備え付ける農家が増えていることがわかりました。その気体は、天然ガスや石油を燃やすことで発生する気体と同じものです。この装置が発生させている気体は何ですか。気体名を答えなさい。

③ たかこさんは、他にも栽培で工夫できないかを考えるために、植物の成長に必要なものを確かめる実験を行いました。図２はある植物の葉にアルミニウムはくをかぶせているようすで、表２は実験の流れと結果をまとめたものです。この結果からわかることを説明しなさい。

図２

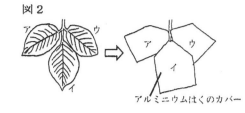

アルミニウムはくのカバー

表２

	日光を当てる前の葉	日光を当てる葉	日光を当てない葉
１日目 の夕方	図２のようにア・イ・ウの葉にそれぞれアルミニウムはくをかぶせる。		
２日目	アの葉をとり、ヨウ素液を用いて葉のデンプンがあるかどうかを調べる。	イの葉からアルミニウムはくを外して日当たりのよい場所におく。４～５時間後にヨウ素液を用いて、葉にデンプンがあるかどうかを調べる。	ウの葉をアルミニウムはくを付けたままにして、日当たりのよい場所におく。４～５時間後にヨウ素液を用いて、葉にデンプンがあるかどうかを調べる。
デンプンを 調べたときの 色の変化	ヨウ素液の色の変化はなかった。	ヨウ素液が青むらさき色になった。	ヨウ素液の色の変化はなかった。

（６）たかこさんは大阪に帰ってから、高知市の冬の気候が温暖なことを確認するために、高知市と大阪市の冬の気温を調べました。資料４について、小数第一位を四捨五入し、高知市と大阪市の日平均気温をそれぞれドットプロットにまとめなさい。

	1日	2日	3日	4日	5日	6日	7日	8日	9日	10日	11日	12日	13日	14日	15日
高知市	6.2℃	6.2℃	7.3℃	7.0℃	4.2℃	3.1℃	4.8℃	6.0℃	7.3℃	8.2℃	7.7℃	9.1℃	8.6℃	10.1℃	8.8℃
大阪市	5.9℃	6.2℃	6.7℃	5.5℃	3.9℃	3.3℃	4.4℃	5.7℃	6.2℃	6.1℃	6.9℃	7.1℃	4.8℃	7.0℃	7.4℃

資料４　2022年２月の高知市と大阪市の日平均気温（気象庁「気象観測データ」より）

令和5年度　一般入試

検査Ⅱ（その3）	受験番号	

（その1、その2とともに、10：30～11：10）

1

(1)		
(2)		ｋｍ
(3)		
(4)	Ⅰ	
	Ⅱ	
(5)		
(6)	B	
	C	
(7)	①	手回し発電機
	②	
(8)		℃

2

(1)	
(2)	

2

(3)	①	A
		B
		C
	②	
(4)	①	
	②	
(5)	①	
	②	
	③	
(6)	高知市	

高知市　2　3　4　5　6　7　8　9　10　11　(℃)

大阪市　2　3　4　5　6　7　8　9　10　11　(℃)

検査Ⅲ（その1）	受験番号		（配点非公表）

（その2、その3とともに、11：30〜12：10）

1　沖縄県について、次の各問いに答えなさい。

(1)　右の楽譜は沖縄民謡「谷茶前」です。これについて、次の①〜⑤に
答えなさい。

①　楽譜中AとBの記号の違いを説明しなさい。

②　楽譜中Cと同じ高さ、同じ長さの音をへ音記号の楽譜に書き直
しなさい。

③　楽譜中Dの音は何の音か、階名（ドレミ……）で答えなさい。

④　「谷茶前」は琉球音階で作られています。資料1を参考に、琉
球音階と西洋音階との違いを説明しなさい。

⑤　資料2は、「谷茶前」を演奏する際などに用いられる、沖縄の伝
統的な楽器です。この楽器を何というか、次のア〜エから1つ選
び、記号で答えなさい。

ア　三線　　イ　三味線　　ウ　琴　　エ　琵琶

資料1
琉球音階
西洋音階

資料2

(2)　資料3は沖縄にある2000年に登録された世界遺産です。この建物
の名前を答えなさい。

(3)　沖縄には日本の他の地域にみられない特有の文化があります。その特有の文化が生まれた背景を、
【琉球王国】【中国】という語句を使って説明しなさい。

資料3

(4)　次の文章を読み、あとの①・②に答えなさい。

> 沖縄返還協定（一部改変）　1971年6月17日　調印
> 第1条　1．アメリカ合衆国は、沖縄に関して、1951年9月8日に署名され
> た、a日本国との平和条約の規定に基づくすべての権利及び利益
> を、この協定の効力発生の日から日本国のために放棄する。……
> 第3条　1．日本国は、日本国とアメリカ合衆国との間の相互協力及び安全保
> 障条約及びこれに関連する取り決めに従い、この協定の効力発生
> の日に、アメリカ合衆国に対し沖縄におけるb施設及び区域の使
> 用を許す。……

①　文中下線部aについて、この条約の名前を答えなさい。

②　文中下線部bについて、これは何のことか答えなさい。

資料4

(5)　太郎君は沖縄に旅行へ行き、船に乗りました。資料4中のXの地点から、
矢印の方向を向いた時に見える風景を、次の条件にしたがってかきなさい。

> 条件1　文字は使わず、絵でかくこと。
> 条件2　おおよその地形や位置関係がわかるようにかくこと。

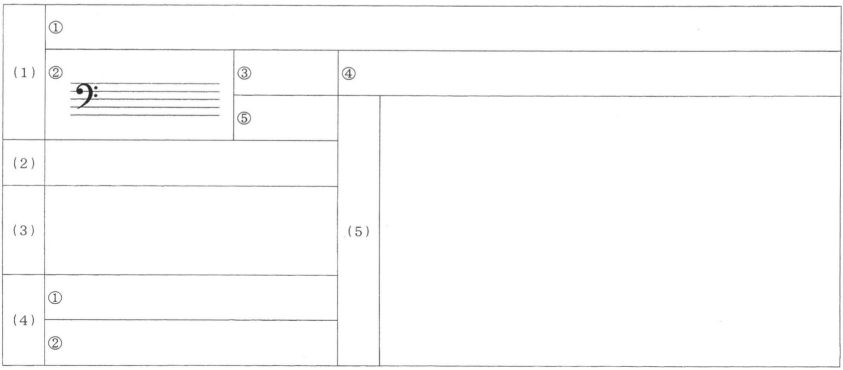

（その1、その3とともに、11：30〜12：10）

2　ブラジルについて、次の各問いに答えなさい。

（1）　ブラジルで一般的に使用されている言語は何か答えなさい。

（2）　ブラジルの位置を、資料5の**ア〜カ**から1つ選び、記号で答えなさい。

（3）　資料6は、ブラジルの有名な祭りの様子です。これについて、次の①〜④に答えなさい。

　①　この祭りを何というか答えなさい。

　②　この祭りのはじまりは、ある宗教の行事でした。この宗教は何か答えなさい。

　③　この祭りで演奏される音楽は、もともとおどりのための音楽で、生き生きとはずむようなリズムが特徴です。この音楽を、次の**ア〜エ**から1つ選び、記号で答えなさい。

　　　ア　ワルツ　**イ**　ロック　**ウ**　サンバ　**エ**　ジャズ

　④　資料7の楽譜は、この祭りで演奏される打楽器伴奏を表したものです。ここから読みとれるこの音楽の特徴として正しいものを、次の**ア〜キ**から全て選び、記号で答えなさい。

　　　ア　1小節に4分音符が3つ分入る拍子の曲である

　　　イ　短い音符である16分音符が多用され細かい刻みが表現されている

　　　ウ　♩=100のテンポ指示があるので、速さはとてもゆっくりである

　　　エ　1種類の高さの音のみが出る打楽器が使われている

　　　オ　2種類以上の高さの音が出る打楽器が使われている

　　　カ　2小節ごとに同じリズムパターンのくり返しの曲である

　　　キ　全ての打楽器に同じリズムを用いて一体感を出している

（4）　ブラジルはたばこの葉の生産が盛んです。資料8は喫煙をしている様子を図示したものです。これについて、次の①〜③に答えなさい。

　①　たばこの煙にはニコチンや一酸化炭素などの有害物質が含まれています。これら以外のたばこの煙に含まれる有害物質を、あと1つ答えなさい。

　②　資料8中の**X・Y**の煙をそれぞれ何というか答えなさい。また、**X・Y**の煙のうち、有害物質をより多く含んでいるのはどちらであるか、記号で答えなさい。

　③　喫煙について述べた文章として正しいものを、次の**ア〜オ**から全て選び、記号で答えなさい。

　　　ア　喫煙によって心拍数は極端に少なくなり、心臓に負担がかかる

　　　イ　喫煙を続けることで、肺が汚れ、呼吸の機能が低下する

　　　ウ　喫煙を続けることで、生活習慣病にかかりやすくなる

　　　エ　HIVに感染する最も多い原因は喫煙である

　　　オ　日本は世界の中でも受動喫煙を防ぐ取り組みが進んでおり、世界のモデルとなっている

資料5

資料6

（2020　AFP時事より）

資料7
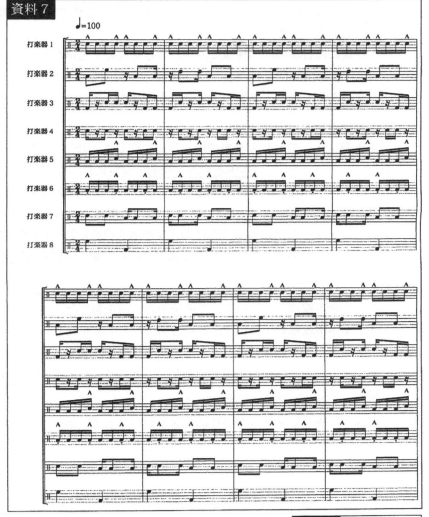

♩=100
打楽器1
打楽器2
打楽器3
打楽器4
打楽器5
打楽器6
打楽器7
打楽器8

資料8

（1）		（2）			
（3）①		②		③	④
（4） ①		② X		Y	記号
③					

検査Ⅲ（その３）	受験番号	

（その１、その２とともに、１１：３０〜１２：１０）

3　次の会話文Ⅰ・Ⅱを読んで、あとの各問いに答えなさい。

会話文Ⅰ

さとし：葉っぱの色を緑に塗りたいけれど、緑色の絵の具が空になっちゃった。

かすみ：それなら、　　　Ａ　　　を混ぜて緑色を作ったらいいよ。

さとし：なるほど、教えてくれてありがとう。

かすみ：あ、他にも紫色の作り方を知っているけど教えようか？

さとし：紫色の作り方は知っているよ。混ぜるのは、　　　Ｂ　　　だね。

会話文Ⅱ

さとし：緑色を作りたいのに思った通りに色を混ぜられなくて、作りたい緑色にならないよ。

かすみ：図１を見て。パレットの上で色を混ぜるときは、（　①　）に絵の具を出して、そこから筆でとった絵の具を（　②　）で混ぜるんだよ。それなのに、絵の具を直接（②）に出して混ぜるから、絵の具の量を微調整しにくくて思った色になりにくいんだよ。

さとし：なるほど、早速試してみよう。あれ、（②）で混ぜたけれど、緑色がにごってしまったよ。

かすみ：あぁ、紫色も作ったから汚れたままの筆洗の水が混ざったんだね。

さとし：筆洗で筆を洗ってから色を混ぜたのに、何がいけなかったのかな。

かすみ：例えば図２の筆洗では、筆を洗うところは（　③　）、すすぐところは（　④　）、筆に水をふくませるところは（　⑤　）のように使い分けるんだよ。

さとし：色を混ぜて作るために、こんなにも考えないといけないことがあるんだね。

かすみ：もちろん基本的な使い方を知ったうえで、えがきたい作品によっては絵の具を直接出して混ぜたり、にごった水を使うことも効果的だよ。

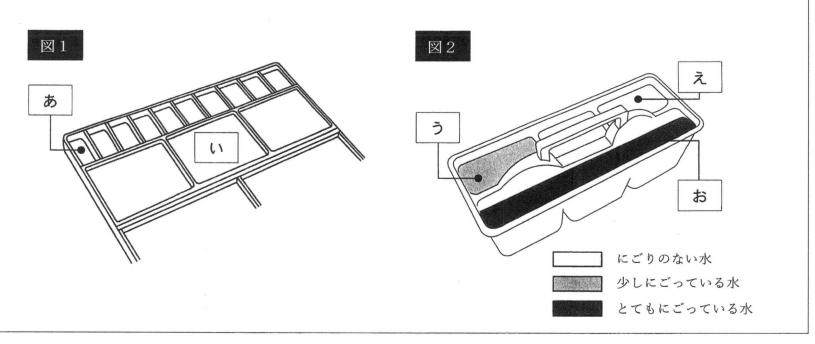

にごりのない水
少しにごっている水
とてもにごっている水

（1）　会話文Ⅰ中の　　Ａ　　、　　Ｂ　　にあてはまる色の組み合わせを、次の**ア〜ク**からそれぞれ１つずつ選び、記号で答えなさい。

　ア　青色と茶色　　**イ**　黄色と青色　　**ウ**　赤色と茶色　　**エ**　黄色と赤色　　**オ**　赤色と青色

　カ　赤色と白色　　**キ**　青色と黒色　　**ク**　黄緑色と赤色

（2）　会話文Ⅱ中の（　①　）〜（　⑤　）にあてはまるものを、図１・２の**あ〜お**からそれぞれ１つずつ選び、記号で答えなさい。

（1）	A		B	
（2）	①	②	③	④	⑤

一　次の文章を読み、後の問いに答えなさい。記号も一字と数えて答えること。

（その二、その三とともに、九・三〇〜一〇・〇〇）

（配点非公表）

私ども日本人は、タコになじんでいる民族である。世界に冠たる「タコ好き」の民族であるといってもよい。

Ⅰ、地中海地方をのぞく西欧社会では、それをデビル・フィッシュ（悪魔の魚）といって忌み嫌っている。食用などもって①それが通じる。ただ、日本人のタコの消費は頭抜けて多のほか、というところも多い。

Ⅱ、日本人のほかにもタコを食する民族は多い。韓国、タイ、フィリピン、ミクロネシア、ポリネシアなど、太平洋の西部い。地域にその食習慣が分布する。地中海沿岸の各地と中南米の各地にも、日本人のタコをあげ

Ⅲ、飽戸弘著『食文化の国際比較』におもしろい調査結果が掲載されている。それは東京、ニューヨーク、パリの三都市で一〇〇〇人を対象に、「いままでに食べたことがあるもの」、また「気もちが悪く、絶対に食べたくないと思うもの」を調査した結果で、それによると東京では、いままでにタコを食べたことがあると答えた人が全体の九七・三パーセントもいる。それに対して、ニューヨークは三二・一パーセント、パリが四八・八パーセントであった。ちなみに日本における最近のタコの年間の消費量は十数万トン（うち約一〇万トンは輸入）、これは世界全体のタコの漁獲量の三分の二に相当するのである。た人は、ニューヨークが六五・四パーセントと多く、パリは三一・二パーセント、東京はわずかに二・六パーセントという結果であった。

ここからわかるのは、もちろん東京で　A　ということである。またパリでは、　B　ことが、その数値から類推できる。しかしニューヨークの場合は、タコを食べたくないという人が食べた経験のある人の二倍以上いるのだから、これは　C　ということになろう。そこでは、タコの味よりもそのグロテスクな容姿が忌み嫌われるしかあるまい。

とにかく、この調査からも、日本人のタコ好きが証明されている。ちなみに日本における最近のタコの年間の消費量は十数万ト……

それだけ日常的にタコに接するわけであるから、食用以外の面でもタコと親しんできたのであろう。たとえば私ども日本人にとっては、タコは愛嬌のある存在でもある。

「タコの八ちゃん、タコ踊り」といえば、日本人であれば例外なく、ほのぼのとした明るいイメージをもつであろう。少なくとも、そこにデビル・フィッシュを思い描く人はいないはずである。むろん、足（腕）が八本であるところからそういわれる。そして人間相手にも、しばしばそのニックネームがつかわれる。よく知られるところでは落語に「八っつあん」が登場する。この場合は、少々とんまではあるが、愛嬌があって憎めない存在として語られるのである。

ただし、愛嬌よりもとんまの面が強調されると、「このタコ！」と相なる。してみると、タコは「野郎名称」　A　なのである。タコ入道もタコ坊主もそうである。なぜか女性を対象にタコを冠する例が少ない。そして愛すべき存在ではあるが、タコは、どうも上等のイメージをもたない。たとえば、タコは神饌や贈答品にほとんど使われないし、八ちゃん、八っつあんは英雄視されることがまずない。したがって、物語の主人公にもなりにくい。これだけ歴史を通じてタコになじんだ日本人の社会においてさえ、そうなのである。②これほど理不尽なことはあるまい。折りしも、自然保護、資源の保全が社会問題視されるこのごろでもある。とくに、私ども日本人は、「タコのいい分」にも耳を傾けてみなくてはならないのではあるまいか。

この際、「タコは、なぜ元気なのか─タコの生態と民俗」出題にあたり改編した部分がある）

（神崎宣武『タコ』

（神崎宣武『タコ』

（注）
・冠たる…その中で最も上位である。
・冠する…名称などを上につける。
・飽戸弘…日本の社会学者。
・神饌…神社などのおそなえもの。
・とんま…間のぬけているさま。
・相なる…なる。そうなる。

1　　Ⅰ　〜　Ⅲ　に入る言葉の組み合わせとして、最も適当なものを次のア〜エから選び、記号で答えなさい。

ア　Ⅰ　ちなみに　Ⅱ　しかし　Ⅲ　もちろん
イ　Ⅰ　しかし　Ⅱ　たとえば　Ⅲ　もちろん
ウ　Ⅰ　たとえば　Ⅱ　しかし　Ⅲ　ちなみに
エ　Ⅰ　ちなみに　Ⅱ　もちろん　Ⅲ　たとえば

2　　①　「それ」が指す内容を一〇字以内で書きなさい。

3　　A　〜　C　に入る言葉として、最も適当なものを次のア〜オからそれぞれ選び、記号で答えなさい。

ア　明らかに食わず嫌いの人が多い
イ　タコをあまり食べないわりに、圧倒的に好まれている
ウ　とにかくいちどはタコを食べたうえで好き嫌いを決めている
エ　圧倒的にタコが好まれている
オ　いちどタコを食べると、ほとんどの人が好きになっている

A　[　]　B　[　]　C　[　]

4 ――②「これほど理不尽なことはあるまい」とあるが、どういうことが理不尽であるのか、六〇字以上、八〇字以内で説明しなさい。

（その一、その三とともに、九・三〇〜一〇・〇〇）

5 この文章を大きく二つの意味上のまとまりにわけたとき、後半部の最初の三字をぬき出しなさい。

80

6 この文章の内容として正しいものを次の**ア〜エ**から**すべて**選び、記号で答えなさい。

ア かつてはデビル・フィッシュと呼ばれたタコも、最近では世界的に親しまれている。

イ 日本のタコの漁獲量は、世界のタコの漁獲量の三分の二に相当する。

ウ 日本人にとって、タコは愛嬌があって憎めない存在である。

エ タコは「野郎名称」であって、タコは女性のニックネームにはあまりつかわれない。

二　次の①〜⑤の会話文中の ▢ にはことわざ、慣用句が入ります。最も適当なものを後の**ア〜エ**からそれぞれ選び、記号で答えなさい。

① ツバサ「昨日のサッカーみた？ミサキ選手にやられっぱなしだったね」

サナエ「くやしいけどすごいよね！ドリブルで二人も三人も突破していくんだもの」

ツバサ「あんなスピード、だれも追いつけないよ」

サナエ「▢ ようなドリブルよね！」

ア 尻馬にのる　　　**イ** 馬の背をわける

ウ 馬脚をあらわす　**エ** 生き馬の目を抜く

② スグル「マリの家の犬、かわいいよね」

マリ「うん！でもね、いつもいたずらばっかりするの」

スグル「なにかあったの？」

マリ「わたしのシャツをこっそり持っていこうとしてたの！ ▢ ていて、良かったよ」

ア 目から鼻にぬけ　**イ** 白い目で見

ウ 目を細め　　　　**エ** 目を光らせ

③ ユウスケ「さっきは ▢ 思いがしたよ」

ケイコ「授業中に寝ているからよ」

ユウスケ「そうなんだけどさ」

ケイコ「まさか、いすから転げ落ちるとはね。みんなおどろいていたわよ」

ア 足もとに火がつく　**イ** 顔から火が出る

ウ 口火を切る　　　　**エ** 火に油を注ぐ

④ タツヤ「夏休みの宿題が間に合わない！」

ミナミ「えっ！毎日宿題してたんじゃないの？」

タツヤ「そうだよ！でも、一日一問しかしていなかったんだ。百問もあるのに！」

ミナミ「▢ ね。急いで仕上げなくちゃ！」

ア 猫の額　　　　　**イ** 犬と猿

ウ ふくろのねずみ　**エ** 牛の歩み

⑤ シンジ「おねえちゃん、今日の皿洗い、ぼくが代わるよ」

ミサト「いいの？うれしい！でもどうしたの？」

シンジ「実はね、今日お菓子を買ったら、今月は ▢ てしまいそうで」

ミサト「なるほど。おこづかいが目当てってわけね」

ア 浮き足立つ　　　**イ** 足が出

ウ 足を洗っ　　　　**エ** 足を棒にし

令和四年度　一般入試

国語（その三）

受験番号

（その一、その二とともに、九・三〇～一〇・〇〇）

三　後の□に、例で示すように反対の意味をもつ言葉を、自分で考えて入れなさい。それを題名として、あなたの経験や考えを一六〇字以上、二〇〇字以内で書きなさい。マス目は原稿用紙と同じ使い方をし、文字はていねいに書くこと。

例　大きい　けれど　小さい

題名　□　けれど　□

本文

50　100

150　200

算　数（その１）	受験番号	

（配点非公表）

（その２とともに，１０：２０～１１：００）

余白は，計算などに使ってもかまいません。

1　50 年ほど前のイギリスでは「ポンド」「シリング」「ペンス」という通貨の単位が使用されていました。当時，1 ポンドは 20 シリング，1 シリングは 12 ペンスでした。このとき，次の空らんをうめて，計算を完成させなさい。ただし，シリングは最大で 19 シリングまで，ペンスは最大で 11 ペンスまでしか使わないこととします。

（1）　3ポンド 14シリ 3ペン　＋　2ポンド 8シリ 10ペン

＝

ポンド	シリング	ペンス

（2）　7ポンド 11シリ 5ペン　－

ポンド	シリング	ペンス

＝　1ポンド 16シリ 7ペン

2　東町と西町を結ぶ東西にまっすぐにのびる道があり，その道の途中に郵便局と図書館があります。Aさんが西町から分速 100 mで東町に向かって出発すると同時に，BさんとCさんが東町からそれぞれ分速 80mと分速 60mで西町に向かって出発しました。途中，Aさんは郵便局でBさんに会い，さらに図書館でCさんに会いました。郵便局と図書館は 300mはなれており，3 人はつねに一定の速さで進み続けるものとします。

（1）東町と西町のきょりを求めなさい。

	m

（2）Cさんは，図書館から歩く速さを変えたところ，ちょうど西町でBさんに追いつきました。Cさんは図書館から分速何mで進みましたか。

分速　　　　　m

3　4けたの整数があり，どの位の数も異なる数であるとします。各位の数をすべてたすと 22 になり，各位の数をすべてかけると 315 になります。このとき，4けたの整数として考えられるもののうち5番目に大きい数を求めなさい。

4　下の表は，生徒 60 人が図書館で 1 か月に借りた本の数と生徒の人数をまとめたものです。しかし，表の一部を汚してしまい，読み取ることができなくなりました。

借りた本の数（冊）	1	2	3	4	5	6	7
生徒の人数（人）	5	6	9			7	4

（1）借りた本の数の平均値が 4 冊であるとき，4 冊借りた生徒の人数を求めなさい。

	人

（2）借りた本の数の中央値が 4 冊，最頻値が 5 冊であるとき，5 冊借りた生徒は何人以上何人以下であると考えられますか。

人 以上　　　　　人 以下

算　数（その２）	受験番号	

（その１とともに，１０：２０～１１：００）

余白は，計算などに使ってもかまいません。

⑤　下の図のように，正方形の各頂点から 3.5cm はなれた位置に４つの点をとり，その点から 45 度の角度で直線を引くと，もとの正方形の内側に正方形ができました。このとき，内側にできた正方形の面積を求めなさい。

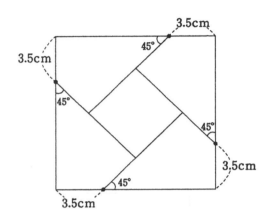

	cㅁ

⑥　下の図は，窓の上側の辺を軸として，窓を外側に突き出して開閉する「突き出し窓」です。窓を開閉するときに窓の上側の辺の位置は変わることなく，点Dの部分が窓わくにそって上下に動くことで窓を開いた状態に保ちます。
　　ＡＢ＝ＢＣ＝ＢＤ＝18cm であるとき，この窓を 15 度開けたときにできる三角形ＡＣＤの面積を求めなさい。

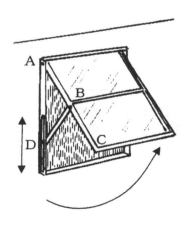

	cㅁ

⑦　立方体の各面に，１～６の数がかかれたさいころがあります。さいころの各面にかかれた数のことを目といい，点で表されています。また，向かい合った面にかかれた目の和は７です。右の図は，あるさいころを２方向からみた見取図で，このさいころを「さいころＡ」とします。

さいころＡ

（１）下の図は，さいころＡの展開図です。**ア**，**イ**にあてはまる目を，点の位置に注意してかきなさい。

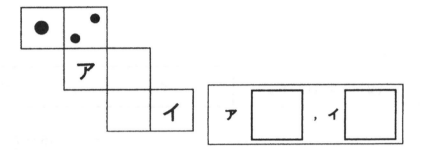

（２）他のさいころを調べると，向かい合った面にかかれた目の和は７であるが，ある方向から見たときの，数のかかれた面の位置が，さいころＡと同じにならないさいころがあるとわかりました。このさいころを「さいころＢ」として，さいころＡと区別します。

①　同じ大きさのさいころＡとさいころＢを，下の図のように面と面をぴったりとくっつけて並べて机の上に置いたとき，まわりから見える面にかかれている目の和を求めなさい。

さいころＢ　　　さいころＡ

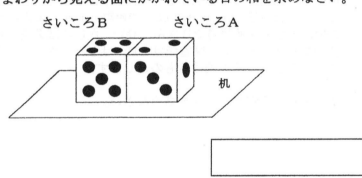

②　下の図のように，さいころの面と同じ大きさの正方形のマス目の上を，さいころＡとさいころＢをそれぞれ**ア→イ→ウ→エ→オ**の順にすべらないように転がしました。それぞれのさいころにおいて，**ア～オ**の位置にあるときのさいころの上の面にかかれた目の和を求めると，ＡとＢのどちらのさいころがどれだけ大きくなりますか。さいころＡとさいころＢのうちどちらかを選んで○で囲み，どれだけ大きくなるのか数を答えなさい。

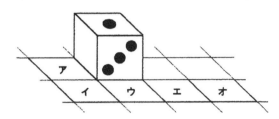

（　Ａ　・　Ｂ　）のさいころが，（　　　　　）だけ大きくなる。

検査Ⅰ（その1）	受験番号	

（配点非公表）

（その2，その3とともに，9：30～10：10）

1 電気のはたらきについて，次の問いに答えなさい。ただし，乾電池はすべて同じものを使い，同じ大きさの電流が流れるものとします。

（1）図1のア～エは，同じ種類のプロペラ付きモーターと乾電池を，導線でつないだ回路の図です。図1のうち，プロペラ付きモーターが回らない回路を2つ選び，記号で答えなさい。また，その理由を説明しなさい。

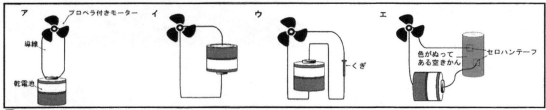

図1

（2）図1と同じ種類のプロペラ付きモーター1個と乾電池2個を使って，プロペラ付きモーターの回る速さを乾電池1個のときと同じ速さにするには，どのような回路にするとよいですか。解答欄の図を線でつないで回路を完成させなさい。

（3）図2は電源装置につながれたプロペラ付きモーターです。このプロペラ付きモーターを回転させ，カメラの連写機能を使って撮影したところ，どの写真のプロペラの羽根も同じ位置に写っていました。プロペラは3枚の羽根に区別はなく，写真は1秒間に9回，等しい間かくで撮影されたとすると，プロペラ付きモーターは1秒間に何回転していたと考えられますか。次のア～エから1つ選び，記号で答えなさい。

ア　17回転　　　イ　22回転　　　ウ　38回転　　　エ　51回転

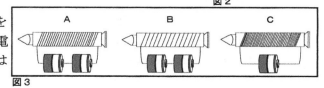

図2

（4）図3のA～Cは，3種類の電磁石で，それぞれ同じ鉄心と同じエナメル線を使ってつくられています。電磁石Aは200回まき，電磁石Bは100回まき，電磁石Cは300回まきです。電磁石A～Cのまき数，つなぎ方，乾電池の個数は変えられません。

① 電磁石を強くする条件を調べることにしました。電磁石A～Cのうち，（　ア　）と（　イ　）を比べたら電磁石の強さと（　ウ　）の関係について調べることができます。（ア・イ）にはA～Cのいずれかを，（ウ）にはあてはまる語句を答えなさい。

② 電磁石の強さと①の（ウ）との関係以外に電磁石を強くする条件がないかを調べるためには，電磁石A～Cのほかにどのような電磁石があればよいですか。次のア～エから正しいものをすべて選び，記号で答えなさい。ただし，コイルのまき数と乾電池の個数以外はすべて電磁石A～Cと同じとします。

ア　100回まきコイルと1個の乾電池をつないだ電磁石　　　イ　200回まきコイルと1個の乾電池をつないだ電磁石
ウ　300回まきコイルと2個の乾電池をつないだ電磁石　　　エ　400回まきコイルと2個の乾電池をつないだ電磁石

（5）発光ダイオードと豆電球を比べたとき，同じ電気の量でどちらが長く点灯するかを調べることにしました。そのために，どのような実験を行うとよいか，文章で説明しなさい。ただし，使用できるものは〔手回し発電機・コンデンサー・豆電球・発光ダイオード・ストップウォッチ〕とします。

(1)	記号	理由			
	記号	理由			
(2)			(3)		
			(4)	①	ア ｜ イ
					ウ
				②	
(5)					

（その１，その３とともに，９：３０～１０：１０）

2 天気の変化と災害との関連性について，次の問いに答えなさい。

（1）図1のア～エは連続する４日間の同じ時刻の雲の様子です。

　① ４日間のうち，最初の日の雲の様子を図1のア～エから選び，記号で答えなさい。

　② 図2は気象レーダーによる雨の様子です。図2は図1のア～エのどの日のものと考えられるか，記号で答えなさい。

（2）まきこさんは８月４日の夕方，雨がせまい範囲で激しく降っている様子を見かけました。そこで，この日の雨雲の動きについて調べようと思い，資料を集めました。表1は，この日の地上からの高さと風向きの資料です。図3はそのときの気象レーダーによる雨の様子で，図4はこの日の日本付近における雲の様子です。

　① 強い雨の中心は17時15分から17時30分の間に図3の矢印のように移動しました。そこで，まきこさんは地図上の矢印の長さをはかり，強い雨の中心の進む速さを求めました。この値として適当なものを次のア～エから１つ選び，記号で答えなさい。

　　ア　時速14km　　イ　時速19km　　ウ　時速24km　　エ　時速29km

　② この時間帯の大阪国際空港における地上の風向き（風がふいてくる方位）を調べると東で，図3の強い雨の中心が移動する向きとは一致しませんでした。そこで，まきこさんはこの理由を考えるために，図4や表1の資料に着目しました。次の文章は，まきこさんが資料を読み取ってまとめたものです。（　）にあてはまる語句を答えなさい。ただし，（イ・ウ）は（　）内の語句から選んで答えなさい。

　図4の雲画像を見ると，日本の南の海上に，大きくうずを巻いた雲のかたまりが見られます。これは強い風を引き起こす（　ア　）です。また，表1によると，９時の風向きは地面から573mより低い場所では，どれも（イ　北西　北東　南西　南東　）に近い風向きでした。

　しかし，745mより高い場所では（ウ　北西　北東　南西　南東　）に近い風向きになっています。さらに，21時のデータを見ると497mより高い場所では（ウ）に近い風向きになります。このことから，地面からの高さが高い場所では，一日中（ア）の影響を受けて（ウ）からの風がふいていたと考えられます。

---

③ 表1，図3，図4の３つの資料から読み取れることとして，正しいものを次のア～キからすべて選び，記号で答えなさい。

　ア　雨雲は必ず北東に進む。
　ウ　天気は西から東に変化することが多い。
　オ　上空に行くほど風は強い傾向にある。
　キ　日本の南の海上にあるうずを巻いた雲は北東に進んでいるように見える。
　イ　どんな雨雲もせまい範囲で雨を降らせる。
　エ　天気の変化は風向きが影響している可能性がある。
　カ　上空と地上付近では風向きが異なることがある。

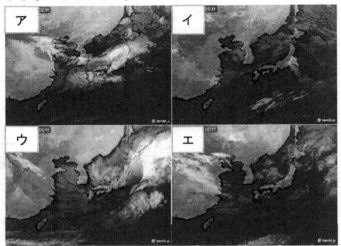

図1　　　　　　　　　　　　　　　（日本気象協会HPより）

図2　　　　　　　　　　　　　　　（日本気象協会HPより）

表1
※風向きは，北を基準にして，時計回りに角度で示されている

| | 9時 | | | 21時 | |
地面からの高さ[m]	風の速さ[m/秒]	風向き[度]	地面からの高さ[m]	風の速さ[m/秒]	風向き[度]
71	6.6	70	71	4.7	50
109	6	55	222	10	72
406	12	77	497	10	103
573	11	84	900	9	130
745	11	110	1652	9	141
2291	10	143	2240	7	129
3277	9	146	3544	6	148
3720	10	138	3703	6	162

（気象庁HPより作成）

図3　ある日の17時15分と17時30分の雨の様子　　（yahoo!天気より）

図4　　　　　　　　　　　　　　　（日本気象協会HPより）

（その１，その２とともに，９：３０～１０：１０）

（3）**表2**はある地域の 2020 年と 2021 年の 6 月 18 日から 1 か月間の降水量と気温の資料です。

表2

		6/18	6/19	6/20	6/21	6/22	6/23	6/24	6/25	6/26	6/27	6/28	6/29	6/30
2020	降水量[mm]	7	62	0	0	6	0	2	29	0	0	85	0	13
	気 温[度]	20	18	22	22	21	22	23	21	26	26	22	23	25
2021	降水量[mm]	0	13	5	1	0	0	1	0	0	2	2	19	21
	気 温[度]	21	20	22	22	22	22	22	22	23	22	23	23	20

		7/1	7/2	7/3	7/4	7/5	7/6	7/7	7/8	7/9	7/10	7/11	7/12	7/13	7/14	7/15	7/16	7/17	7/18
2020	降水量[mm]	57	0	19	61	6	42	5	15	25	7	40	18	4	13	3	0	115	53
	気 温[度]	24	25	23	24	25	25	27	25	24	26	27	26	21	24	21	21	20	21
2021	降水量[mm]	111	161	140	5	1	0	0	14	5	0	0	0	2	5	3	3	0	0
	気 温[度]	20	21	22	20	23	24	27	23	23	28	26	26	25	24	24	25	25	27

（気象庁 HP より作成）

① **表2**の降水量と気温のデータからグラフを作成するとき，最も適切な組み合わせを次の**ア**～**カ**から１つ選び，記号で答えなさい。

ア 降水量：帯グラフ　　気温：折れ線グラフ　　　　**イ** 降水量：折れ線グラフ　　気温：棒グラフ
ウ 降水量：柱状グラフ　　気温：円グラフ　　　　**エ** 降水量：円グラフ　　気温：棒グラフ
オ 降水量：棒グラフ　　気温：折れ線グラフ　　　　**カ** 降水量：折れ線グラフ　　気温：帯グラフ

② 2020 年と 2021 年の降水量のデータを解答欄の表にまとめなさい。

③ 2020 年と 2021 年のデータから考えて土砂災害などの災害が発生する可能性が高いのはどちらの年か，その理由もふくめて答えなさい。ただし，この地域の平均の年間降水量は約 2000㎜ です。

（1）	①			②		

（2）	①					
	②	ア		イ		ウ
	③					

（3）	①		

②

降水量[mm]		2020 年 日数[日]	2021 年 日数[日]
0 以上 ～	25 未満		
25 ～	50		
50 ～	75		
75 ～	100		
100 ～	125		
125 ～	150		
150 ～	175		
計			

③ （　　　　　　　　　　　） 年

理由

検査Ⅱ（その1）	受験番号	

（その2，その3とともに，10：30～11：10）

1　小学生のゆいさんは，和食に興味を持ち，日本各地で作られているしょうゆについて調べました。これについて，次の各問いに答えなさい。

（1）　資料1について，次の①・②に答えなさい。

①　1998年と2018年の一世帯当たりの購入数量は，どのように変化しているか，おおよその数値も明らかにして説明しなさい。

②　出荷数量が資料1のように変化したのはなぜか，考えられる原因を説明しなさい。

資料1　しょうゆの出荷数量と一世帯当たり年間購入数量の推移

（日本醤油協会　資料より作成）

（2）　表1は，しょうゆの出荷数量の合計と出荷数量上位5県についてまとめたものです。これについて，次の①～④に答えなさい。

①　兵庫県，群馬県，愛知県，香川県の県庁所在地名をそれぞれ答えなさい。

②　群馬県を次のア～エから1つ選び，記号で答えなさい。ただし，ア～エの図の縮尺は同じではありません。

ア　　　イ　　　ウ　　　エ

③　表1中のXにあてはまる数値として正しいものを，次のア～エから1つ選び，記号で答えなさい。

ア　1,014　　イ　1,458　　ウ　1,820　　エ　2,116

表1	出荷数量（kℓ）	人口（人）	面積（km²）	人口密度（人/km²）
千葉県	274,184	6,284,480	5,158	1,218
兵庫県	119,192	5,465,002	8,401	651
群馬県	45,077	1,939,110	6,362	305
愛知県	42,397	7,542,415	5,172	X
香川県	39,763	950,244	1,877	506
その他	223,650			-
合計	744,263			

（日本醤油協会　資料，国勢調査　資料より作成）

④　ゆいさんはしょうゆの産地である兵庫県たつの市のしょうゆ資料館に行きました。ゆいさんの話をもとにして，解答らんの地形図に，ゆいさんが歩いた資料館までの経路を描きなさい。

【ゆいさんの話】

「本竜野駅を降りて，交番の前の道を西に向かって道なりにずっと進むと，市役所が見えてきました。市役所を過ぎて十字路を右に曲がると左手に警察署，右手に税務署が見え，その先に橋があったので渡りました。橋を渡り終えてすぐ右に曲がり，川沿いの道を北東へ進みました。すると，もう一つの橋がある交差点へと出てきました。その橋を渡らず西へ進むと，図書館があり，その先を北へ進むと目の前に裁判所と龍野城跡が見えました。つきあたりを曲がると左手に博物館があり，そこを右に曲がると交番の南向かいに資料館がありました。」

（3）　資料2は，ゆいさんが表1をもとにして作成したグラフです。このグラフを先生に見せたところ，この内容に対して折れ線グラフは適していないと指摘を受けました。これについて，次の①～③に答えなさい。

①　折れ線グラフで表すことが適していると考えられるものを，次のア～オからすべて選び，記号で答えなさい。

ア　ある年の世界各国の二酸化炭素の排出量

イ　ある年の都道府県別の米消費量

ウ　日本の人口の移り変わり

エ　ある学級における各生徒の通学所要時間

オ　月別のたまごの価格変化

②　資料2の内容をまとめた適切なグラフを1つ作成しなさい。

③　ゆいさんは②で新たに作ったグラフをもとに，発表の原稿を書いています。グラフの説明をし，そこからわかることをまとめましたが，さらに疑問に思ったことやわからなかったことを最後に話したいと考えています。この最後の部分について80字程度で原稿を書きなさい。

資料2　しょうゆの出荷数量割合

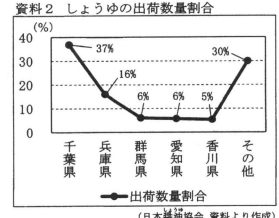

（日本醤油協会　資料より作成）

2　ゆいさんは，しょうゆがどのように作られているのかについて調べたところ，小麦，大豆，食塩が使われていることがわかりました。これについて，次の各問いに答えなさい。

（1）　表2は，小麦と大豆の国内生産量と輸入に関するデータをまとめたものです。日本が小麦と大豆を輸入している上位3ヵ国のうち，X・Yはどこの国であるか，次の**ア**〜**カ**からそれぞれ1つずつ選び，記号で答えなさい。

ア　アメリカ　　　**イ**　中国　　　**ウ**　アルゼンチン
エ　フランス　　　**オ**　カナダ　　**カ**　ニュージーランド

表2	国内生産量	輸入量	輸　入　先		
			1位	2位	3位
小麦	104万t	533万t	X 252万t	Y 183万t	オーストラリア 89万t
大豆	22万t	339万t	X 248万t	ブラジル 55万t	Y 33万t

（食料需給に関する基礎統計より作成）

（2）　大豆は種子の状態で収穫されます。この種子が発芽してからしばらくたつと，子葉はしぼんでしまいます。これについて調べるために，適切に処理した種子としぼんだ子葉にヨウ素液をつけて色の変化を見ると，種子だけが色の変化を観察できました。観察の結果から，ゆいさんは次の2つのことを考えました。次の①・②にあてはまる語句を答えなさい。

・大豆の種子には（　①　）がふくまれる。
・しぼんだ子葉では，（　①　）がなくなったことから，（　①　）が（　②　）のために使われた。

（3）　大豆などの植物が大きく成長するために日光が必要かどうかを調べる実験を，2つの植物を用いて行うことにしました。そのときの条件として必要なものを，次の**ア**〜**オ**からすべて選び，記号で答えなさい。ただし，2つの植物は同じ種類で，同じくらいに育ったものとします。

ア　両方の植物に，肥料と水をあたえる。
イ　水をあたえるときに，片方の水にのみ肥料を加えたものをあたえる。
ウ　片方の植物に日があたらないようにおおいをかぶせる。このとき，下に少しすきまを開けておく。
エ　片方の植物がある場所を30℃に，もう一方の植物がある場所を15℃にする。
オ　片方の植物に水をあたえて，もう一方の植物には水をあたえない。

（4）　しょうゆを作るのに使われている食塩についてくわしく調べると，海水から塩を作る方法がわかりました。下の文章は塩の作り方について説明したものです。あとの①・②に答えなさい。

＜作り方＞　1．くんできた海水を何度も塩田にまく。かわくと砂に塩のつぶがつく。
　　　　　　2．塩のついた砂を集めたところに，上から海水をかけてろ過しながら濃い塩水を作る。
　　　　　　3．かまで濃い塩水を煮詰めて，水を[　　　　]させると塩ができる。

①　作り方2で「ろ過しながら」とありますが，実験でろ過の操作を行うときに気を付けなければならない点を2つ説明しなさい。ただし，実験には〔ろ紙がついた状態のろうと・ろうと台・ビーカー2個・ガラス棒〕を使います。
②　作り方3の[　　　]にあてはまる語句を答えなさい。

（5）　ゆいさんは，しょうゆがどのような水よう液であるかを調べてみることにしました。そこで，いろいろな水よう液とのちがいを知るために，リトマス紙を使って性質を調べたところ，表3のような結果になりました。結果について先生に相談すると，他の水よう液についてBTB液で調べたら，表4のような結果になると教えてくれました。ゆいさんと先生が調べた8種類の水よう液を3つのグループ名とともに仲間分けしなさい。

表3	青色リトマス紙	赤色リトマス紙
しょうゆ	赤色に変わる	変化しない
水道水	変化しない	変化しない
みかんの汁	赤色に変わる	変化しない
重そう水	変化しない	青色に変わる

表4	BTB液の色
塩酸	黄色
砂糖水	緑色
重そう水	青色
酢	黄色
アンモニア水	青色

（6）　水よう液を使う実験では，ピペットを使うことがあります。次の説明のうち，ピペットの使い方として正しいものを，**ア**〜**オ**からすべて選び，記号で答えなさい。

ア　先から水よう液が出てこないようにするために，使わないときは先を上に向けておいておく。
イ　液体を試験管にそそぐときは，試験管を倒さないようにするために，試験管立てに触らない。
ウ　ピペットを使わないときはバットにのせておく。
エ　ゴム球を軽くおしつぶしてから，ピペットの先を水よう液に深く入れる。
オ　同じ水よう液を使うときでも，1回ごとにピペットを水で洗う。

検査Ⅱ（その3）	受験番号	

（配点非公表）

（その1，その2とともに，10：30〜11：10）

1

		兵庫県	

（1）①

（1）②

（2）①

兵庫県

群馬県

愛知県

香川県

②

③

④

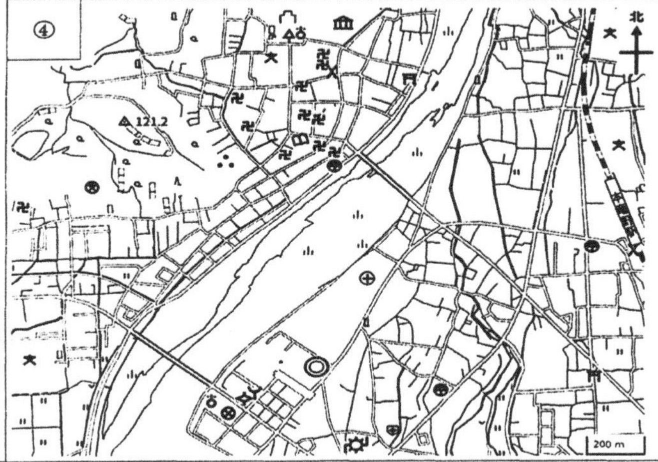

（3）①

②

③

80

以上で発表を終わります。

2

（1）X

（1）Y

（2）①

（2）②

（3）

（4）①

（4）②

（5）

グループ名	水よう液

（6）

検査Ⅲ（その１）	受験番号	

（配点非公表）

（その２，その３，その４とともに，１１：３０～１２：１０）

1 次の文章を読み，後の問いに答えなさい。

資料１　選手村の食事の例

2021年にオリンピックが東京で開かれ，a 多くの選手が外国から訪れました。b 選手村ではさまざまな食事が提供されました。開会式では，各競技を表す c ピクトグラムのパフォーマンスが行われました。

今回の大会では，開会式や多くの種目の試合が d 無観客で行われました。一方，e 宮城県では，観客およそ3000人を入れてサッカー女子の試合が行われました。

f オリンピックの後，障害者スポーツの大会がありました。この大会は "もう１つのオリンピック" といわれています。

（東京2020HPより）

（１）　下線部 a のとき，入国を許可するビザ（査証）以外に，その人の所属する国が発行する，身分や国籍などを証明するものが必要です。この証明書を何といいますか。

（２）　下線部 b で提供された料理の１つが，資料１「鮭(さけ)ザンギ※の国産はちみつレモンソース」です。次の①，②を答えなさい。

※ザンギ…食材に下味をつけて粉をまぶした揚げ物。

①　資料１の食事を主菜としたとき，バランスのよい食事にするために副菜は何がよいですか。その料理名と，そのはたらきを答えなさい。

②　バランスのよい食事以外にも健康な体をつくるために必要なことを，２つ答えなさい。

（３）　下線部 c は，道路標識にも利用されています。右の①～③の意味を，それぞれ次のア～オから１つずつ選び，記号で答えなさい。

ア　学校，幼稚園(ようちえん)，保育所あり　　イ　歩行者一時停止　　ウ　優先道路

エ　自転車および歩行者専用　　オ　横断歩道

（４）　下線部 d のような対応が行われたのはなぜですか。オリンピックの開かれた時期を資料２のア～エから選び，それと関連付けて説明しなさい。

（５）　下線部 e のように，今よりもさまざまな活動制限の緩和※が必要であると考えている人もいます。イベントや商業施設での入場制限の緩和など，人が動くことによってもたらされる経済的な効果について，具体的な例をあげて説明しなさい。

※緩和…厳しさや激しさの程度を和らげること。

（６）　下線部 f の名称(めいしょう)を答えなさい。

資料２　新型コロナウイルス新規感染者数の推移（2021年）

（万人）

（厚生労働省HPより）

（１）		
（２）	① 料理名　　　　はたらき	
	②	
（３）	① ② ③	
（４）	時期　　　理由	
（５）		
（６）		

2　次の1〜9の模様をみて，後の問いに答えなさい。

（1）　次の①〜④はどの模様を使ってデザインされているか，それぞれ1〜9から1つずつ選び，記号で答えなさい。

①　トートバッグ　　②　パスケース　　③　皿　　④　東京オリンピック・1下線部 f のエンブレムの一部

　　　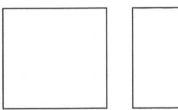

※お詫び：著作権上の都合により，エンブレムは掲載しておりません。教英出版

（2）　1〜9は次のア〜ケのどれをもとにデザインされているか，それぞれ1つずつ選び，記号で答えなさい。

ア　魚をとる網　　イ　ひし形　　ウ　正方形　　エ　三角形　　オ　亀のこうら　　カ　うずまき
キ　竹のかご　　ク　線　　ケ　草のつる

（3）　4は日本で，集落の周りに堀をめぐらした環濠集落が生まれたころから，みられるようになった模様です。このころの日本の様子と世界の様子について述べた文を，それぞれ次のア〜エから1つずつ選び，記号で答えなさい。

＜日本の様子＞
ア　むらより大きなくにをつくる王があらわれました。　　イ　遣唐使をとりやめました。
ウ　法隆寺が建てられました。　　エ　大和朝廷が各地の豪族をしたがえました。

＜世界の様子＞
ア　唐がほろびました。　　イ　中国で魏が建国されました。　　ウ　元が中国を統一しました。　　エ　朝鮮に仏教が伝わりました。

（4）　次の文は5が用いられるようになった時代の様子です。この時代の人物として，正しいものを次のア〜オから1つ選び，記号で答えなさい。

> ヨーロッパと日本との間で貿易が行われ，ヨーロッパの商人たちは，鉄砲や火薬，中国の生糸などをもたらし，日本からは主に銀が輸出されました。

ア　北条時宗　　イ　源頼朝　　ウ　織田信長　　エ　徳川家光　　オ　足利義満

（5）　9は江戸時代の歌舞伎役者が用いたことで，当時流行した模様です。この時代の日本の対外政策と文化について述べた次の文章を読んで，空らん①〜⑧にあてはまる語をそれぞれ答えなさい。

> 1639年にポルトガル人を日本から追放し，（　①　）人を長崎の（　②　）に移して，鎖国を完成させました。これ以後，長崎では（　①　）と（　③　）という2つの国と貿易をしました。この時代はヨーロッパの学問や文化を学ぶためには（　①　）語の本を読まなければなりませんでした。（　④　）らは医学書「ターヘル・アナトミア」を翻訳し「解体新書」を出版しました。文化の面では町人文化が栄えました。（　⑤　）という多色刷りの版画が多くのひとびとに親しまれ，（　⑥　）が「東海道五十三次」をえがきました。（　⑦　）は俳諧紀行文「奥の細道」を書きました。19世紀中ごろには，ペリーが来航して日本は開国しました。（　⑧　）が結ばれて下田と函館の2港が開港されました。

（1）	①		②		③		④	
（2）	1	2	3	4	5	6	7	8	9

（3）	日本		世界		（4）	

（5）	①		②		③		④	
	⑤		⑥		⑦		⑧	

③ 日本の近代・現代について次の問いに答えなさい。

（１）　次の文部省唱歌「ふるさと」（高野辰之作詞　岡野貞一作曲）は大正時代につくられました。１番の楽譜をみて，後の問いに答えなさい。

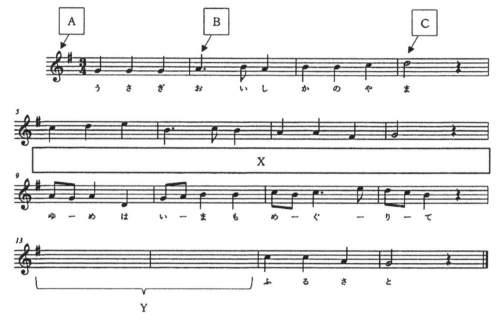

① 楽譜中Ａの音部記号の名称を答えなさい。

② 楽譜中Ｂの音符の名称を答えなさい。またＢと同じ長さの休符を次の**ア〜エ**から１つ選び，記号で答えなさい。

　　ア　　　イ　　　ウ　　　エ

③ 楽譜中Ｃの音符の名称を答えなさい。またＣと同じ長さの休符を次の**ア〜エ**から１つ選び，記号で答えなさい。

　　ア　　　イ　　　ウ　　　エ

④ 楽譜中Ｘにあてはまる歌詞をひらがなで書きなさい。

⑤ 楽譜中Ｙにあてはまる音符と，その音符に対応する歌詞を解答らんの楽譜に書き入れなさい。

⑥ 上の楽譜は○○調で書かれています。○○にあてはまるものを次の**ア〜エ**から１つ選び，記号で答えなさい。

　　ア　イ短　　　イ　ト長　　　ウ　ホ短　　　エ　ハ長

⑦ この唱歌と同じ拍子の文部省唱歌を，次の**ア〜エ**からすべて選び，記号で答えなさい。

　　ア「春がきた」　　　イ「おぼろ月夜」　　　ウ「冬げしき」　　　エ「もみじ」

⑧ この唱歌がつくられた当時の日本では，生活の様子が大きく変化しました。その変化を次の**２つの語句**を用いて，説明しなさい。

　　＜　平塚らいてう　・　新しい仕事　＞

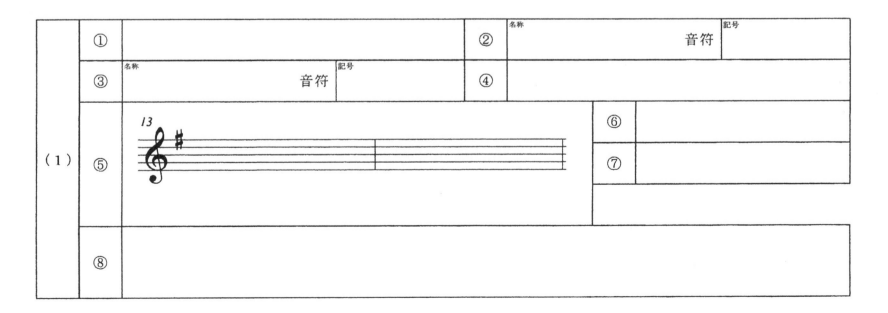

検査Ⅲ（その4）	受験番号	

（その1，その2，その3とともに，11：30〜12：10）

（2）　日本は加盟していた国際連盟を脱退し，国際社会で孤立することになりました。日本の国際連盟加盟から脱退までの期間の出来事を，次の**ア〜オ**から1つ選び，記号で答えなさい。

　　ア　韓国に対する支配を強め，韓国を併合して朝鮮とし，植民地にしました。

　　イ　最初の選挙が行われ，第1回の国会が開かれました。

　　ウ　清から得た賠償金などを使って軍備を増強し，イギリスと同盟を結びました。

　　エ　満州にいた日本軍は，南満州鉄道の線路を爆破し，中国を攻撃しました。

　　オ　アメリカ軍が沖縄へ上陸し，激しい戦いが行われました。

（3）　次の**ア〜オ**から昭和時代の日本の様子を4つ選び，古いものから順にならべかえて，記号で答えなさい。

　　ア　差別に苦しんでいたひとびとは，全国水平社をつくり運動を始めました。

　　イ　ポツダム宣言を受諾し，第二次世界大戦が終わりました。

　　ウ　国際連合に加盟し，再び国際社会に復帰しました。

　　エ　朝鮮戦争が始まり，今の自衛隊のもとになる警察予備隊がつくられました。

　　オ　女性に参政権が初めて認められました。

（2）		（3）	→	→	→	

4　次の絵は，マグリットという画家がえがいた絵です。この絵は，現実にありえない風景がえがかれています。どのように現実にありえないのか説明しなさい。

一　次の文章を読み、後の問いに答えなさい。記号も一字と数えて答えること。
（その二、その三とともに、九・〇〇～九・三〇）
（配点非公表）

　人類は言語を用いはじめた最初から物語ることをはじめたのではないだろうか。短い言語でも、それは人間の体験した「ふしぎ」、「おどろき」などを心に収めるために用いられたであろう。

　古代ギリシャの時代に、人々は太陽が熱をもった球体であることを知っていた。しかしそれと同時に、かれらは太陽を四頭立ての金の馬車に乗った英雄として、それを語った。これはどうしてだろう。夜の闇を破って出現して来る太陽の姿を見たときの彼らの体験、その存在のなかに生じる感動、それらを表現するには、①太陽を黄金の馬車に乗った英雄として物語ることが、はるかにふさわしかったからである。

②かくて、各部族や民族は「いかにしてわれわれはここに存在するのか」という、人間にとって根本的な「ふしぎ」に答えるものとしての物語、すなわち神話をもつようになった。それは単に「ふしぎ」を説明するなどというものではなく、存在全体にかかわるものとして、その存在を深め、豊かにする役割をもつものであった。

　A、そのような「神話」を現象の「説明」として見るとどうなるだろう。確かに英雄が夜毎に怪物と戦い、それに勝利して朝になると立ち現れてくるという話は、ある程度、太陽についての「ふしぎ」を納得させてくれるが、そのすべての現象について説明するには都合が悪いことも明らかになってきた。たとえば、せみの鳴くのを「お母さんと呼んでいる」として、しばらく納得できるにしても、しだいにそれでは都合の悪いことがでてくる。

　B、現象を「説明」するための話は、なるべく人間の内的世界をかかわらせない方が、正確になることに人間がだんだん気がつきはじめた。そして、その傾向の最たるものとして、「自然科学」が生まれてくる。「ふしぎ」な現象を説明するとき、その現象を人間から切り離したものとして観察し、そこに話をつくる。

　このような「自然科学」の方法は、ニュートンが試みたように、「ふしぎ」の説明として普遍的な話（つまり、物理学の法則）を生み出してくる。これがどれほど強力であるかは、周知のとおり、現代のテクノロジーの発展がそれを示している。これがあまりに素晴らしいので、近代人は「神話」を嫌い、自然科学によって、世界を見ることに心をつくしすぎた。これは外的現象の理解に大いに役立つ。

　しかし、神話をまったく放棄すると、自分の心のなかのことや、自分と世界とのかかわりが無視されたことになる。

③せみの鳴き声を母を呼んでいるのだと言った坊やは、科学的説明としてはまちがっていたかも知れないが、そのときのその坊やの「世界」とのかかわりを示すものとして、もっとも適当な物語を見出したということができる。そして、「わかった。あれはCIAの人物が僕をつけ回しているのだ。」と判断したとする。このような解釈は、自分の心の状態を表現するにはピッタリかも知れないが、外的事実の吟味をまったく怠っている。あるいは、内的事実と外的事実が取り違えられていると言える。このようなときは、妄想と言うことになる。

　このことは逆に考えると、妄想と言えども、それを「異常」としてのみ見るのではなく、その人が世界と自分とのかかわりを、何とか自分なりに納得しようとしたり、それを他人に伝えようとしたりする努力のあらわれとして、見ることもできる。簡単に言うと、自然科学は⑤外的事実に、妄想は⑥内的事実に極端に縛られた「物語」があると考えてみると、その特性がわかる。④自然科学と妄想との間に「物語」があるということになる。

（河合隼雄『物語とふしぎ』岩波現代文庫　出題にあたり改編した部分がある）

（注）
・最たる…もっとも代表的な。
・放棄…すてさること。
・ニュートン…アイザック・ニュートン。イギリスの学者。
・CIA…アメリカの機関。国を守るためにさまざまな情報をあつめる。
・普遍的…きわめて多くの物事にあてはまるさま。
・妄想…根拠もなくあれこれと想像すること。

1　——①「太陽を黄金の馬車に乗った英雄として物語ることが、はるかにふさわしかったからである」とありますが、どんなことと比べて「はるかにふさわしかったからである」と考えられるのか、書きなさい。

2　——②「かくて」の意味を変えずに他の言葉で言いかえなさい。

3　　A　と　B　に入る言葉の組み合わせとして、最も適当なものを次のア～エから選び、記号で答えなさい。

ア　A——そこで　　　B——ところが
イ　A——ところが　　B——そこで
ウ　A——つまり　　　B——すると
エ　A——すると　　　B——つまり

4　——③「せみの鳴き声を母を呼んでいるのだ」とあります。この部分を、より意味が通りやすくなるように、読点をうちなさい。

せみ の 鳴き声 を 母 を 呼んでいる のだ

5　——④「外的事実の吟味」とは、ここで挙げられている例の場合、どのようなことを指しますか。適当でないものを次のア～エからすべて選び、記号で答えなさい。

ア　赤づくしの服装の人が、僕をつけ回しているかどうか考えること。
イ　赤づくしの服装の人からにげるにはどうすればよいか考えること。
ウ　赤づくしの服装の人が、赤づくしの服装である理由を考えること。
エ　僕に、赤づくしの服装の人からつけ回される理由があるかどうか考えること。

6　——⑤「外的事実に」が修飾する言葉をぬき出しなさい。

7　——⑥「内的事実」と同じことを表す言葉を、二十三字でぬき出しなさい。

8　この文章の内容として正しいものを次のア～エからすべて選び、記号で答えなさい。

ア　「神話」は、人間の根本的な「ふしぎ」に答えるために生まれ、人間の存在自体を豊かにしてきた。
イ　「ふしぎ」な現象を「説明」するには、人間の内的世界をかかわらせない方が正確になる。
ウ　子どもが、せみの鳴くのを「お母さんと呼んでいる」と考えるのは、妄想である。
エ　妄想は、事実とかけ離れた「異常」であり、人と世界のかかわりを示してはいない。

二　次の①～⑥は、三つの文を一組としてならべられています。一文目と二文目が正しいとき、三文目（☆）が結論として、確かであると言い切れる場合に〇を、確かであると言い切れない場合に×を、後の解答らんに書きなさい。

①　・ペンギンは鳥である。
　　・鳥はたまごを産む。
　　☆ペンギンはたまごを産む。

②　・役所は平日しか開いていない。
　　・今日は役所が開いている。
　　☆今日は平日である。

③　・フグの内臓には毒がある。
　　・フグの毒を食べると、息ができなくなる。
　　☆フグの身は安全に食べられる。

④　・タロウが家にいるならば、ジロウも家にいる。
　　・ジロウが家にいる。
　　☆タロウが家にいない。

⑤　・切符がなければ電車に乗れない。
　　・松子は電車に乗っており、竹子は電車に乗っていない。
　　☆松子は切符を持っており、竹子は切符を持っていない。

⑥　・ジョンとポールのすくなくともどちらかが歌う。
　　・ジョンが歌っている。
　　☆ポールは歌っていない。

①
②
③
④
⑤
⑥

三　漢字には、意味や音を表す部分どうしが組み合わされて成り立ったものが、たくさんあります。その仕組みを利用して、新た
な漢字を自分でつくり、その漢字について説明しなさい。ただし、次の条件にかならずしたがうこと。

漢字 ☐

本文

条件
　・本文は一六〇字以上、二〇〇字以内で書くこと。
　・次のマス目は原稿用紙と同じ使い方をし、文字はていねいに書くこと。
　・つくった漢字は次の☐に書くこと。
　・説明の中に、つくった漢字を用いた例文をふくめること。

算　数（その１）	受験番号	

(配点非公表)

（その２とともに，９：５５～１０：２５）

余白は，途中の計算の式などに使ってよろしい。

1　次の問いに答えなさい。

（1）$8 ÷ (1 - 0.6) × 0.25 ÷ 2.5$ を計算しなさい。

（2）下の［図］は，線を用いて「312×112」の計算を行った様子を表しており，［筆算］は同じ計算を筆算で行ったものです。［筆算］の④と同じ意味を表している［図］の部分を線で囲みなさい。

［図］

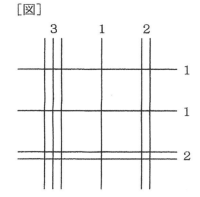

［筆算］

```
        312
      × 112
        624
        312
      312
    3 ④ 9 4 4
```

（3）次の式の空らんに，＋の記号を1回，×の記号を2回，÷の記号を1回入れて計算を完成させなさい。

$$\frac{1}{6} \square \frac{1}{5} \square \frac{1}{4} \square \frac{1}{3} \square \frac{1}{2} = \frac{7}{8}$$

$\frac{1}{6}$		$\frac{1}{5}$		$\frac{1}{4}$		$\frac{1}{3}$		$\frac{1}{2}$	= $\frac{7}{8}$

2　1辺が1cmである正方形を下の図のように並べ，その正方形の内部に1から順に整数を書きました。

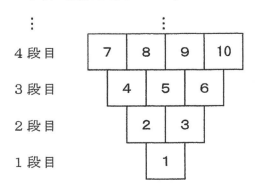

（1）15段目の一番右にある正方形に書かれた数を求めなさい。

（2）18段目の一番左にある正方形に書かれた数と，19段目の一番右にある正方形に書かれた数の和を求めなさい。

（3）289と書かれた正方形は，何段目の左から何番目にありますか。

段目の左から　　　　　番目

余白は，途中の計算の式などに使ってよろしい。

3　なおきさんは，みかんならちょうど30個，かきならちょうど10個，あめならちょうど120個買えるお金を持っています。このお金で，みかん，かき，あめを２：１：３の個数の比で買えるだけ買って，残ったお金でさらにあめを買えるだけ買いました。みかん，かき，あめを買うのに使った金額の比を，できるだけ小さい整数の比で表しなさい。

： ：

4　正方形の紙の各辺を４：１に分ける点をA，B，C，Dとします。下の図のように，それぞれの点を結んだ線でこの紙の四隅を折ると，紙の真ん中に正方形アができました。

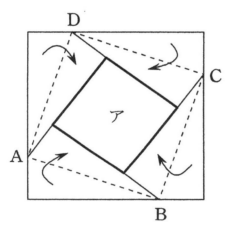

（１）正方形アの面積と元の紙の正方形の面積の比を，できるだけ小さい整数の比で表しなさい。

：

（２）正方形アの対角線の長さと元の紙の正方形の対角線の長さの比を，できるだけ小さい整数の比で表しなさい。

：

5　１辺の長さが１cmの立方体の積み木を30個使って，立方体のそれぞれの面がぴったり重なるように下の図の立体をつくり，底面以外の表面全体に色をぬりました。ただし，床とくっついている面をこの立体の底面とします。

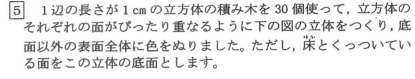
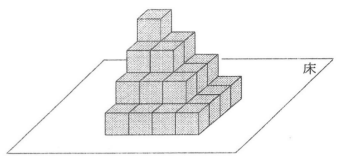

（１）色をぬった部分の面積を求めなさい。

cm²

（２）２面だけ色がぬられている積み木の個数と，１面だけ色がぬられている積み木の個数の合計を求めなさい。

個

（３）色がぬられていない積み木の個数を求めなさい。

個

社　会（その　１）	受験番号	

（その２，その３とともに，１０：５０〜１１：２０）

1　次の各問いに答えなさい。

（1）　次の①〜③の平野に流れる川を，あとの**ア〜キ**から１つずつ選び，記号で答えなさい。

　①　庄内平野　　②　仙台平野　　③　関東平野

　ア　信濃川　**イ**　最上川　**ウ**　雄物川　**エ**　利根川　**オ**　神通川

　カ　筑後川　**キ**　北上川

（2）　右の表のA〜Eの都道府県を，次の**ア〜オ**から１つずつ選び，記号で答えなさい。

　ア　鹿児島県　**イ**　岩手県　**ウ**　香川県　**エ**　沖縄県　**オ**　愛知県

（3）　日本には，世界遺産に登録された場所がいくつかあります。次の①〜④の世界遺産が
ある都道府県を，あとの**ア〜キ**から１つずつ選び，記号で答えなさい。

　①　石見銀山　　②　小笠原諸島　　③　日光の社寺　　④　屋久島

　ア　栃木県　**イ**　沖縄県　**ウ**　群馬県　**エ**　東京都　**オ**　鹿児島県

　カ　島根県　**キ**　岩手県

（4）　右のグラフは，ある果実の都道府県別生産量割合を示したものです。この果実を次の
ア〜オから１つ選び，記号で答えなさい。

　ア　ぶどう　**イ**　みかん　**ウ**　なし　**エ**　かき　**オ**　もも

（5）　長野県では，夏でも涼しいという気候を生かして，主に春と秋に栽培・出荷されるレ
タスを，夏に栽培・出荷しています。長野県と同じように，レタスを夏に出荷すること
で高い利益を得ている都道府県を，次の**ア〜オ**から１つ選び，記号で答えなさい。

　ア　茨城県　**イ**　岡山県　**ウ**　長崎県　**エ**　栃木県　**オ**　群馬県

（6）　右の表は，北海道地方と関東地方で生産された生乳の使われ方を示したものです。よ
り鮮度が求められる飲用向けが，北海道地方よりも関東地方で多い理由を説明しなさい。

（7）　次の文が説明する都道府県を答えなさい。

> 京浜工業地帯を形成している県の一つで，東京都の都心に通勤・通学する人が多いです。また貿易港もあり，その港からは自動車が多く輸
> 出されています。

（8）　次の文は，日本の地形について述べたものです。文中の空らん①に当てはまる語を**ア〜エ**から１つ選び，記号で答えなさい。
空らん②は文で答えなさい。

> 日本の国土は南北に長く，中央に背骨のような山脈が連なっていて，国土の①（**ア**　約35%　　**イ**　約55%　　**ウ**　約75%　　**エ**　約95%）
> は山地であるため，日本の川は外国の川と比べると（　②　）です。

右上の表・グラフ：

都道府県	面積(k㎡)	農業産出額(億円)	製造品出荷額(億円)
大阪府	1,905	332	175,294
A	2,281	988	4,954
B	5,173	3,115	486,435
C	15,275	2,727	27,258
D	9,187	4,863	20,691
E	1,877	817	27,619

（2018年　農林水産省・経済産業省資料）

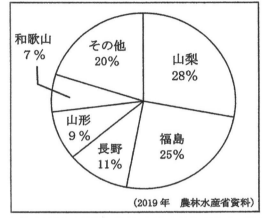

和歌山　7%
その他　20%
山梨　28%
山形　9%
長野　11%
福島　25%

（2019年　農林水産省資料）

地方名	飲用向け(t)	乳製品向け(t)
北海道地方	556,498	2,939,035
関東地方	1,246,596	86,061

（2019年　農林水産省資料）

2　右の地形図について，次の各問いに答えなさい。

（1）　熊野神社の標高としてもっとも近い数値を，次の**ア〜エ**から１つ選び，記号で
答えなさい。なお，等高線は10mごとにひかれています。

　ア　200m　**イ**　250m　**ウ**　300m　**エ**　350m

（2）　この地形図を説明した文として正しいものを，次の**ア〜エ**からすべて選び，記
号で答えなさい。

　ア　市役所の南には消防署がある。

　イ　高等学校の東には寺院がある。

　ウ　針葉樹林と広葉樹林のどちらもある。

　エ　中山工業団地の北には田と畑がある。

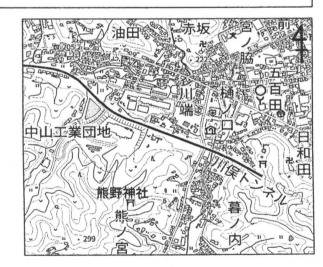

3　資料を見て，次の各問いに答えなさい。

（1）　右の資料１は，平安時代に書かれた源氏物語の一場面です。
源氏物語の作者を答えなさい。

（2）　右の資料２は，鎌倉幕府のしくみを図で示したものです。次
の説明を参考に，図の①・②にあてはまる語を，それぞれ答え
なさい。

　①　将軍の補佐をおこなう。

　②　御家人の統制をおこなう。

資料1

資料2

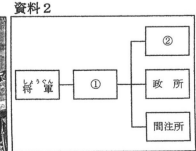

（その1，その3とともに，10：50〜11：20）

（3）　下の資料3の人物について，次の①・②に答えなさい。

①　この人物の氏名を，漢字で答えなさい。

②　次のA〜Dの文を読み，この人物に関することとして正しいものには○を，間違っているものには×をそれぞれ書きなさい。

　　A　駿河の今川義元を桶狭間の戦いでたおした。　　　　B　一向宗などの仏教勢力を武力でおさえこんだ。

　　C　中国を征服するため朝鮮に大軍を送った。　　　　D　キリスト教を保護していたが，のちに宣教師の国外追放を命じた。

（4）　下の資料4は，江戸時代の身分ごとの人口割合を示したものです。資料のX・Yが示す身分を，次のア〜エから1つずつ選び，それぞれ記号で答えなさい。

　　ア　町人　　イ　百姓　　ウ　公家　　エ　武士

（5）　下の資料5は，警察官が自由民権運動の演説を中止させようとしている様子です。この自由民権運動とはどのような運動か，「国会」「憲法」の語を使って説明しなさい。

（6）　下の資料6は，1890年におこなわれた第1回衆議院議員総選挙の様子です。次の①・②に答えなさい。

①　この当時，選挙権を持つことができたのはどのような人か，その条件を説明しなさい。

②　この当時，選挙権を持つことができたのは全人口の約何%か，次のア〜エから1つ選び，記号で答えなさい。

　　ア　約0.1%　　イ　約1%　　ウ　約10%　　エ　約20%

（7）　下の資料7は，1914年から1934年における，日本の輸出額の移り変わりを示したものです。Zの期間のグラフの変化を，当時の世界の状況と関連づけて説明しなさい。

（8）　下の資料8は，国際経済について協議をする経済協力開発機構の加盟国を示したものです。この経済協力開発機構の略称を，アルファベットで答えなさい。

資料3

資料4　江戸時代終わりごろの人口割合

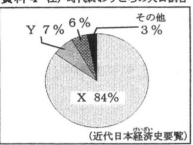

その他 3%
Y 7%　6%
X 84%
（近代日本経済史要覧）

資料5

資料6

資料7

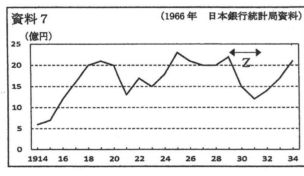

（1966年　日本銀行統計局資料）
（億円）
25
20
15
10
5
0
1914　16　18　20　22　24　26　28　30　32　34
Z

資料8

■…加盟国
（2020年　経済協力開発機構資料）

4　右の図は，国民の政治に参加する権利を示したものです。この図を見て，次の各問いに答えなさい。

（1）　図のAにあてはまる国の機関を答えなさい。

（2）　図の下線部Bの際におこなわれることは何か答えなさい。

（3）　図の下線部Cについて，次の①・②に答えなさい。

①　衆議院議員の選挙に立候補できる条件を答えなさい。

②　衆議院と参議院の違いを，「任期」「解散」の語を使って説明しなさい。

| A | 日本国憲法 |

国民審査をおこなう　　　B　改正するかどうかを決定する

国民
政治に参加する権利

議員を選ぶなど　　　首長・議員を選ぶなど

| C　国　会（衆議院・参議院） | 地方公共団体（市区町村・都道府県） |

5　次の各問いに答えなさい。

（1）　現在の内閣総理大臣の氏名を答えなさい。

（2）　次の文を読み，あとの各問いに答えなさい。

天皇は，日本の国や国民の象徴であると憲法で定められ，政治には権限を持たないとされています。天皇は，内閣の（　a　）と（　b　）にもとづき，c憲法に定められた仕事をおこないます。

①　空らんa・bに当てはまる語を，それぞれ漢字で答えなさい。

②　下線部cの仕事を何というか答えなさい。

社　会（そ　の　3）	受験番号	

（配点非公表）

（その1，その2とともに，10：50〜11：20）

1

(1)	①		②		③	
(2)	A	B	C	D	E
(3)	①		②			
	③		④			
(4)						
(5)						
(6)						
(7)						
(8)	①					
	②					

3

(5)	
(6)	①
	②
(7)	
(8)	

2

(1)	
(2)	

3

(1)		
(2)	①	
	②	
(3)	①	
	②	A　　　B　　　C　　　D
(4)	X　　　　　　　Y

4

(1)	
(2)	
(3)	①
	②

5

(1)		
(2)	①	a　　　　　　b
	②	

理科（その１）	受験番号	

（配点非公表）

（その２とともに，１１：４５〜１２：１５）

1　次の問いに答えなさい。

（１）　次の文は虫めがねの使い方について説明したものです。（ア）・（イ）に当てはまる言葉を答えなさい。
　　　　動かせるものを見るときは，虫めがねを（　ア　）の近くに持ち，（　イ　）を虫めがねに近づけたり，遠ざけたりして，はっきり見えるところで止める。

（２）　水と空気をそれぞれ注射器にとじこめて，真上からピストンをおしました。このとき，おし縮めることができるのは，どちらですか。

（３）　図１は温度計を読み取るときの目の位置について表したものです。正しい目の位置はどれですか。ア〜エから選び，記号で答えなさい。

（４）　アルカリ性の水よう液をリトマス紙で調べるとき，赤色のリトマス紙と，青色のリトマス紙の色の変化はそれぞれどうなるか説明しなさい。

（５）　図２のように，磁石がちょうど真ん中で折れてしまい，２つの磁石にわかれました。図２のアの部分はN極とS極のどちらですか。

（６）　次のア〜エの文は，月の動きや見え方について説明したものです。正しくないものをすべて選び，記号で答えなさい。
　　　ア　月は太陽の光を受けてかがやいているため，月のかがやいている側には太陽がある。
　　　イ　月の動きを，同じ日に同じ場所で観察すると，半月も満月も時刻によって，見える方位が変わる。
　　　ウ　日本で月の動きを調べた場合，月の位置は東から北を通って西に移動する。
　　　エ　月の動きを同じ場所で１か月間観察すると，毎日同じ時刻になったら，同じ方位に見える。

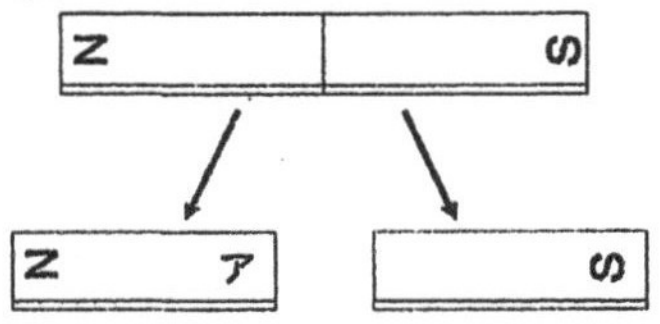

（７）　生物どうしは，植物が動物に食べられ，その動物も，ほかの動物に食べられるような「食べる・食べられる」の関係でつながっています。このつながりを何といいますか。

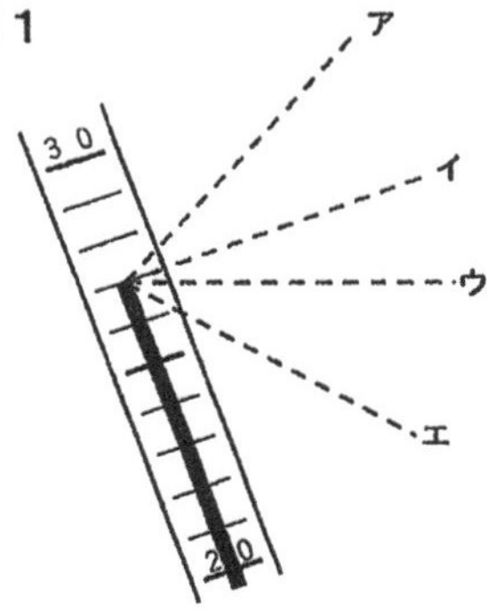

（８）　コップに水を入れて置いておくと，水の量が減りました。このとき減った水は何に変わりましたか。

（９）　次のア〜エの文は，けんび鏡の使い方について説明したものです。正しいものをすべて選び，記号で答えなさい。
　　　ア　最初に観察するときは，対物レンズを一番低い倍率のものにする。
　　　イ　目をいためるので，日光が直接当たるところでは，使わない。
　　　ウ　左下に見えているものを中央に動かすときには，プレパラートを右下に動かす。
　　　エ　接眼レンズでのぞきながら，対物レンズとプレパラートのきょりを近づけていき，ピントをあわせる。

（10）　おもりやふれはばはそのままで，ふりこの長さを長くするとふりこが１往復する時間はどうなりますか。

（11）　トンボやチョウの成虫は，はねと６本のあしをもっています。それらは体のどの部分についていますか。部分の名前を答えなさい。

（12）　運動場の中央に立てた棒のかげの向きは，朝から夕方にかけて変化します。かげの向きが変わるのはなぜですか。

（13）　次のア〜エの文は，天気の変化について説明したものです。正しいものをすべて選び，記号で答えなさい。
　　　ア　空全体の広さを10として，空をおおっている雲の広さが8のときは，くもりとする。
　　　イ　黒っぽい雲の量が増えると，雨になることが多い。
　　　ウ　日本付近では，雲がおよそ西から東に動くので，天気もおよそ西から東へ変化する。
　　　エ　台風は，移動する方向が必ず決まっている。

（14）　ヒトの体のうち，縮んだりゆるんだりする部分で，力を入れたときにかたくなるのは何ですか。

（15）　水を熱する実験を行うときに，急に湯がわき立つのを防ぐために，入れるものは何ですか。

（16）　次の文は電流計の使い方について説明したものです。（ア）・（イ）に当てはまる言葉を答えなさい。
　　　　電流計は，電流をはかりたい回路に（　ア　）つなぎになるようにつなぐ。最初は最も（　イ　）電流がはかれる５Aのマイナスたんしにつなぐ。

（17）　電磁石のS極とN極を逆にするには，どのようにすればよいですか。

（18）　空気は何という気体が混ざっていますか。体積の割合が大きいものから順に２つ答えなさい。

（19）　食べ物をかみくだいたり，体に吸収されやすいものに変えたりするはたらきを何といいますか。

図１

図２

（１）	ア		（７）		（15）
	イ		（８）		（16） ア
（２）			（９）		イ
（３）			（10）		（17）
（４）	赤色		（11）		（18）
	青色		（12）		
（５）			（13）		（19）
（６）			（14）		

理科（その２）	受験番号	

（その１とともに，１１：４５〜１２：１５）

2 よく晴れた日の朝，葉の大きさと枚数が同じホウセンカＡ・Ｂを用意して，次の実験を行いました。あとの問いに答えなさい。

〔実験〕
① ホウセンカＡに，穴を開けたとう明なポリエチレンのふくろをかぶせて，ふくろの口を閉じました。穴からストローで息を入れたあと，気体検知管でふくろの中の酸素と二酸化炭素の割合を調べました。

【図１】　気体検知管

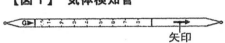

② 穴をテープでふさぎ，よく日光に当てて，１時間後にふくろの中の酸素と二酸化炭素の割合を気体検知管で調べました。
③ ホウセンカＢは，すべての葉をアルミニウムはくで包み，①，②と同じそう作を行いました。

〔結果〕
・息を入れた直後，ホウセンカＡのふくろの中の酸素と二酸化炭素の割合は，それぞれ17％と３％でした。ホウセンカＢでも同じ結果でした。
・１時間後，ホウセンカＡのふくろの中の酸素と二酸化炭素の割合は，それぞれ21％と0.4％でした。ホウセンカＢのふくろの中の酸素と二酸化炭素の割合は，それぞれ15％と５％でした。

（１）　次の文は気体検知管（図１）の使い方について説明したものです。（Ａ）〜（Ｃ）に当てはまる言葉を，【ア 矢印のない方・イ 矢印のある方・ウ 両方】から選び，記号で答えなさい。
　　チップホルダで気体検知管の（Ａ）のはしを折りとり，（Ｂ）のはしに，カバーゴムをつける。気体検知管の（Ｃ）を気体採取器に向け，差しこむ。調べたい気体の入ったふくろに気体検知管の先を入れて，気体採取器のハンドルを強く引き固定する。
（２）　酸素用の気体検知管のみに当てはまる注意点を，１つ答えなさい。
（３）　結果の文をもとに，酸素と二酸化炭素にわけて，それぞれグラフをかきなさい。ただし，縦じくは酸素と二酸化炭素の割合とします。
（４）　この実験でわかったことを，説明しなさい。

（１）	A	B	C	（３）	酸素の割合		二酸化炭素の割合	
（２）								
（４）								

3 重いもの（ふくろ）を持ち上げるために，図１のような道具を作製しました。次の問いに答えなさい。

【図１】

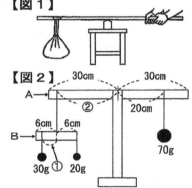

（１）　図１のような道具を何といいますか。
（２）　図１の道具を使って，できるだけ小さな力で重いものを持ち上げるためには，図１のふくろと手の位置をそれぞれどのように変えるとよいですか。「支点」という言葉を使って答えなさい。
（３）　図１の道具のしくみを利用しているものを次のア〜オの中からすべて選び，記号で答えなさい。また，その選んだ道具の図をかき，支点，力点，作用点の位置をすべて示しなさい。
　　　ア ピンセット　　イ とびなわ　　ウ マスク　　エ はさみ　　オ バケツ
（４）　図１の道具が水平になるときのきまりを応用して，図２のような装置を作製しました。装置全体を水平につり合わせるためには，①・②の長さを何cmにする必要がありますか。ただし，図２に示している長さは，支点からの長さを表し，棒Ａ・Ｂの太さは一様であるとします。また，おもり以外の重さは考えないものとします。

（１）		（３）	記号
（２）	ふくろ		図
	手		
（４）	① ②		

令和二年度　一般入試

国語（その一）

受験番号

（その二、その三とともに、九・三〇～一〇・〇〇）

（配点非公表）

大阪教育大学附属天王寺中学校

一　次の文章を読み、後の問いに答えなさい。記号も一字と数えて答えること。

　二〇一六年五月、サンフランシスコ現代美術館に突如として現われた作品が世界を騒がせた。メガネはふつうの大きさで、奇抜なデザインや色をしているわけではない。その作品はメガネの形状をとり、床の上に無造作に配置されていた。人びとはなんとか作品の意味を理解しようと説明書きに目を凝らしたり、美しさを感じ取ろうと床に這いつくばって眺めたり、最良の角度から写真に収めようとしたりしていたことを、ガーディアン紙やニューヨークタイムズ紙をはじめとする多くのメディアが伝えた。

　ではこの《メガネ》は、いかなる意味で芸術だったのだろう。鑑賞者を悩ませたのもそのはず、それはじつは、美術館を訪れた①二人の若者によるイタズラだったのだ。彼らは、美術館についての説明書きの近くにメガネを置き、人びとが夢中になり、それがあたかも価値と意味をもった一流の芸術作品かのように仕立てあげられていく様子をSNSに投稿し、芸術とは何かを問うたのだ。

　このエピソードを、②おそらく多くの人は簡単に笑えないだろう。私たちは美術館へ行くと、そこにあるモノこそが、美しい芸術だと自動的に想定する。一つひとつの作品の前で立ち止まり、静かにじっと作品を見つめて過ごす。作品の前ではものを食べたり、大声を出したり、作品を触ったりすることは自然と（あるいは強制的に）避けられ、私たちの知覚は次第に視覚へと特化され、鑑賞のモードへと切り換わる。なぜなら芸術作品とは美しく、その美しさとは、③生活のざわつきと切り離された小宇宙のなかで見つめることによってはじめて感じとられるものだからだ。そして私たちはじっと作品を見つめつづけ、その美しさが自分を圧倒し、のみこんでくれる偉大な瞬間を待つのである。《メガネ》も美術館のなかに陳列されているからにはきっと④そのような作品としての美的価値をもっているはずであり、もしもその美しさがわからないのなら、それは自分の落ち度である。⑤なんとかしてそれを感じとらねばならない、そう多くの人が思ったことだろう。

　だが、はたしてそうだろうか。芸術の本質とは美しさにあるのだろうか。もっと言うと、このような限定された小宇宙でのみ経験されるものなのだろうか。

　文化人類学は長きにわたって、「⑥芸術のようなモノ」を研究対象としてきた。だが、仮面や布、神像や器、装飾品などといったモノは、生活のざわつきを全身にまとう、使用価値にまみれた工芸であって、ほんものの芸術ではないとされる。そして、それらは美術館ではなく博物館に並べるのがよいとされ、制度的に芸術と分けられてきたのだった。他方で、そこに見出される美としか呼べそうにないなにかは、人類学者のみならず、芸術家をもふくむ多くの人びとを魅了し、さまざまな思考を促してきた。

『文化人類学の思考法』――渡辺文「モノと芸術」より出題）

（注）
・変哲…ふつうと変わっていること。
・SNS…インターネット上の交流の場。
・メディア…ここではマスメディアを指し、新聞やテレビ、ラジオなどのこと。
・文化人類学…人間の生活様式全体のあり方を研究する学問。
・魅了…人の心をひきつけること。

1　＝＝＝「メガネ」と～～～《メガネ》のちがいについて五十字程度で説明しなさい。

50

2　①「二人の若者によるイタズラ」の意図について述べたものとして最も適当なものをア～エから選び、記号で答えなさい。

ア　美術館に来た人びとにおかしな行動を取らせて、笑える映像をとりたかった。
イ　美術館に勝手にメガネを置くことで、美術館で働く人びとを困らせたかった。
ウ　美術館にメガネという芸術作品を展示し、その美的価値を人びとに鑑賞してほしかった。
エ　美術館に来て、芸術を鑑賞しているつもりの人びとに、芸術の本質について考えさせたかった。

3　②「おそらく多くの人は簡単に笑えないだろう」とありますが、その理由を述べたものとして最も適当なものをア～エから選び、記号で答えなさい。

ア　SNS上の悪ふざけを見たとき、だまされた方が悪いという人がたくさんいると考えられるから。
イ　美術館に並べられた芸術作品から美的価値を感じ取っている人は少ないと考えられるから。
ウ　美術館に置かれたメガネは、まぎれもなく芸術作品であり、感心する人がたくさんいると考えられるから。
エ　芸術とは何かということについて、はっきりと答えられる人は少ないと考えられるから。

4

—— ③「生活のざわつきと切り離された小宇宙」とあります。

a 「小宇宙」は何を示しているか、ぬきだしなさい。

b 「生活のざわつきと切り離された」とありますが、それを具体的に表した一続きの二文を探し、最初の五字をぬきだしなさい。

□□□□□

5

—— ④「そのような」が指し示す部分を十九字でぬきだしなさい。

□□□□□

6

—— ⑤「なんとかしてそれを感じとらねばならない」という思いから人びとが取った行動を、文章中の言葉を用いてそれぞれ十字程度で三つ答えなさい。

一つ目

二つ目

三つ目

7

—— ⑥「芸術のようなモノ」とありますが、なぜ「芸術」ではなく「芸術のようなモノ」という言い方をしているのか、五十字程度で説明しなさい。ただし、次に示す【語句】を必ず使用して答えること。

【語句】

工芸 ・ 芸術

50

二 次の①〜⑤の〔　〕内の言葉に共通して続く言葉として最も適当なものを後の【語群】から選び、〔　〕に書きなさい。

① 〔 腹を
　　判決を
　　評価を 〕

② 〔 泣き言を
　　名前を
　　馬を 〕

③ 〔 視線を
　　情熱を
　　大金を 〕

④ 〔 音を
　　知恵（ちえ）を
　　油を 〕

⑤ 〔 約束を
　　規則を
　　ねむりを 〕

【語群】

・すすぐ　　・そそぐ　　・あたえる　　・しぼる　　・まもる　　・かわす

・くだす　　・きる　　・やぶる　　・おくる　　・よぶ　　・ならべる

三　「赤い花畑に一輪の白い花」に何を感じ取るかを作文しなさい。一六〇字以上、二〇〇字以内で書くこと。次のマス目は原稿(げんこう)
用紙と同じ使い方をし、文字はていねいに書くこと。題は書かなくてよろしい。

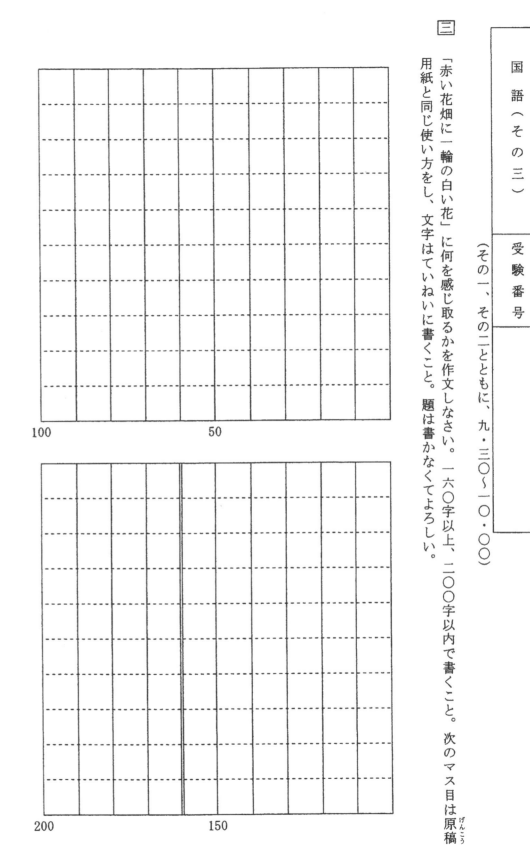

100　　　　50

200　　　　150

国　語（その　三）

受験番号

（配点非公表）

（その２とともに，１０：２０〜１１：００）

余白は，途中の計算の式などに使ってよろしい。

1　次の問いに答えなさい。
(1) 筆算のしかたは，国や時代によって違います。下の図は，ドイツ式の筆算で38×64を求めたものです。

$$
\begin{array}{r}
38 \times 64 \\
\hline
48 \\
1832 \\
12 \\
\hline
2432
\end{array}
$$

ドイツ式の筆算で，25×45を求めなさい。

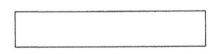

(2) 1に2を2020回かけてできた数を7で割ると，余りはいくつですか。

(3) 下の図は，ＡＢの長さが６cm，角Ａが60°，角Ｂが直角である直角三角形ＡＢＣに，ＡＢを半径とする円周の一部をかいたものです。色のついた部分の面積の和を求めなさい。ただし，円周率は3.14とします。

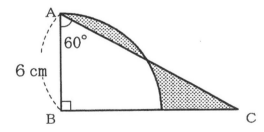

	cm²

2　日本では，古くからあみだくじとよばれるくじが使われてきました。このくじは，平行に引かれた縦線のうちの上端を選び，上から下へ向かって線をたどります。横線は1本隣の縦線と結ばれており，縦線に垂直です。途中で横線に当たれば，必ず横線を通って1本隣の縦線へ移ります。この操作を繰り返していくと，【図1】のように，上端の位置から下端に記された結果が導かれます。
　なお，このあみだくじでは，【図2】の矢印の箇所のように，同じ高さの横線どうしがつながってはいけません。

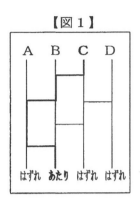

【図1】

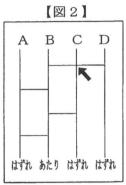

【図2】

(1) 【図3】のあみだくじに，縦線の上端にかかれた数が下端にかかれた数と一致するように，横線をかき加えなさい。ただし，横線の本数が最小となる場合を示しなさい。

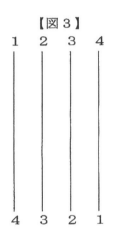

【図3】

(2) 【図4】を，縦線の上端にかかれた数が下端にかかれた数と一致するようなあみだくじにするには，横線を何本かき加えればよいですか。最も少ない場合の本数を答えなさい。

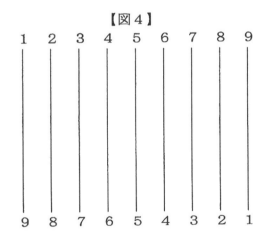

【図4】

	本

算　数（　そ　の　2　）	受験番号	

（その1とともに，10：20〜11：00）

余白は，途中の計算の式などに使ってよろしい。

3　下の図は，1辺が1cmの正方形のます目がかかれた厚紙を切り抜いたものです。これを折り曲げて立体を作ります。

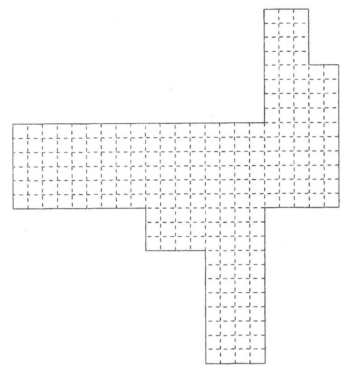

(1) 折り目となる線を，上の図にかき入れなさい。
(2) できた立体の体積を求めなさい。

	cm³

4　Aさんは，自分の家を出発し，一定の速さで真東に向かって歩きます。Bさんは，Aさんが出発するのと同時に，Aさんの家の真東にある公園を出発し，一定の速さで真南に向かって歩きます。

　2人が歩き始めてから5分後に，2人は，公園からの距離が等しい地点を歩いていました。また，その30分後に，ふたたび2人は，公園からの距離が等しい地点を歩いていました。

　Aさんの家から公園までの距離が700mであるとき，AさんとBさんの歩く速さを求めなさい。

Aさん：分速	m
Bさん：分速	m

5　下の左図は，修正テープの写真です。右図はその模式図で，テープとそれを巻くための芯を表す2つの円A・Bを示しています。最初円Aに巻かれていた修正剤の付いたテープは，使用されると修正剤がはがれて円Bに巻き取られます。円A・Bの半径は5mmであり，修正剤が付いているテープの厚みは，修正剤が付いていないテープの厚みの1.5倍です。

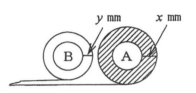

　図の円A・Bの周りに巻かれているテープの幅 x, y の値は，使用途中の修正テープを3m使ったところ，下の表のように変化しました。ただし，表の一部は破れています。

　円A・Bに巻かれていない部分のテープは考えないものとして，次の問いに答えなさい。

	【3m使う前】	【3m使った後】
x（mm）	3	2
y（mm）	2	

(1) 円Aの周りの斜線部分の面積は，【3m使う前】に比べて【3m使った後】は何mm²減りましたか。円周率を3.14として答えなさい。

	mm²

(2) この修正テープが新品のとき，使用できるテープは何mですか。

	m

理科（その１）	受験番号	

(配点非公表)

（その２とともに，９：３０～１０：００）

1　次の問いに答えなさい。

（１）　地層内にある，どろがおし固められてできた岩石を何といいますか。**ひらがな**で答えなさい。

（２）　磁石のはしの方は鉄をよく引き付けますが，この部分を磁石の何といいますか。

（３）　熱気球は，温められた空気のどのような性質を利用して，宙にうきますか。

（４）　はかりを使って物の重さを量ると50gでした。このときの重さは何kgですか。

（５）　母親の体の中で，たい児が成長するのに必要な養分と，そのおから送られてきた不要なものを，入れかえる部分を何といいますか。

（６）　食塩を水にとかしましたが，とけ残りができました。このとけ残った食塩をろ紙などを使ってこしとる方法を何といいますか。

（７）　注射器に閉じこめた空気をおし縮めていくと，元にもどろうとする力はどうなりますか。

（８）　日本のある場所で観測をしたとき，月はどの方角からのぼり，どの方角にしずみますか。

（９）　①かん臓と②じん臓のはたらきの説明として正しいものはどれですか。次の**ア～エ**からそれぞれ選び，記号で答えなさい。
　　ア　血液中から体に不要なものを取り除く。
　　イ　血液を全身に送り出す。
　　ウ　食べ物の消化や吸収に関わり，養分の一部をたくわえる。
　　エ　にょうを一時的にためて体の外に出す。

（10）　植物の体は３つの部分でできています。それらをすべて答えなさい。

（11）　日本の天気の変わり方にはどのようなきまりがありますか。次の**ア～エ**から選び，記号で答えなさい。
　　ア　日本の天気は，およそ南から北へ変わる。
　　イ　日本の天気は，およそ東から西へ変わる。
　　ウ　日本の天気は，およそ西から東へ変わる。
　　エ　日本の天気は，およそ北から南へ変わる。

（12）　下図のピンセットとハサミの支点・力点・作用点の場所の組み合わせとして正しいものはどれですか。次の**ア～カ**から選び，それぞれ記号で答えなさい。

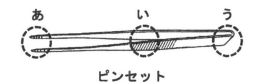

ピンセット　　　　　　　　　ハサミ

　ア　あ－支点　　い－力点　　う－作用点　　**イ**　あ－支点　　い－作用点　　う－力点
　ウ　あ－作用点　い－支点　　う－力点　　　**エ**　あ－作用点　い－力点　　う－支点
　オ　あ－力点　　い－支点　　う－作用点　　**カ**　あ－力点　　い－作用点　　う－支点

（13）　インゲンマメの「発芽前の種子」と「発芽後の子葉」をそれぞれ切り，その切り口にヨウ素液をつけると，どちらがより青むらさき色に変化しますか。

（１）	
（２）	
（３）	
（４）	kg
（５）	
（６）	
（７）	
（８）	
（９）	①
	②
（10）	
（11）	
（12）	ピンセット
	ハサミ
（13）	

理科（その2）	受験番号	

（その1とともに，9：30～10：00）

2　ひろしさんは，長さが同じで太さの異なる
電熱線を使用し，右の【図】のように，電源
装置につないで水の入ったビーカーに入れ，
装置を作りました。そして，最初に水の温度
を測ってから，電流を流して5分後の水の温
度を測りました。右の【表】は，そのときの
結果を記録したものです。次の問いに答えな
さい。

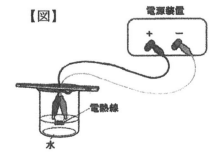

【図】

【表】
電熱線の太さ （直径）	最初の 水の温度	5分後の 水の温度
0.5mm	14.5℃	19.5℃
0.6mm	15.0℃	22.5℃
0.7mm	14.0℃	22.5℃
0.8mm	15.0℃	26.5℃
0.9mm	14.5℃	27.5℃

（1）　【表】を使って，電熱線の太さと水の上しょう温度との関係を，グラフで表しなさい。ただし，横じくに電熱線の
太さ，縦じくに水の上しょう温度をとることとします。

（2）　ひろしさんの実験結果より，電熱線はどのようなものがよく発熱するか答えなさい。

（3）　電熱線1本と電池2個と導線を使い，どのようにつないだら最もよく発熱する回路になりますか。回路の図をかき
なさい。

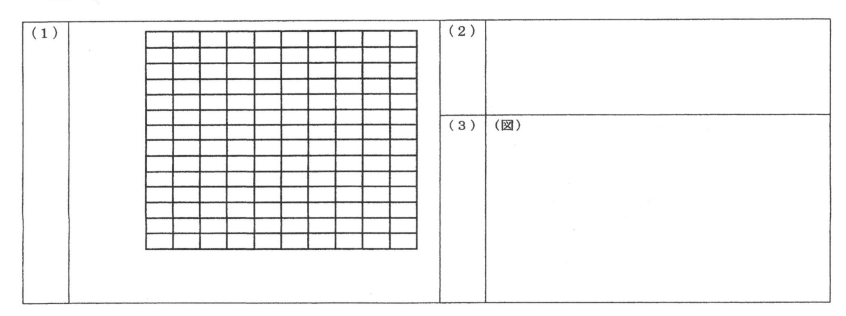

（1）

（2）

（3）（図）

3　だいきさんは，がけの一部がしま模様になっているのを見て，地層のでき方について興味をもち，調べることにしま
した。すると，流れる水のはたらきによって石や土がけずり運ばれ，河口付近で積み重なってできる地層があると分か
りました。そこで，その地層のでき方を再現するために，ある装置を作って実験を行いました。次の問いに答えなさい。

（1）　ある装置の作り方を文章で説明しなさい。ただし，装置の説明には〔スタンド・とい・砂やどろをふくむ土・水の
入った水そう〕を必ず使用することとします。

（2）　実験の結果として，砂やどろをふくむ土は流れる水のはたらきによってどのような地層になりますか。

（3）　地層を直接見ることができないときは，ボーリング試料を調べることで地層の様子を知ることができます。ボーリ
ング試料とは何ですか。説明しなさい。

（1）

（2）

（3）

社　会（そ　の　1）	受験番号	

（その2，その3，音楽とともに，11：20〜12：10）

1　次の各問いに答えなさい。

（1）　日本はこれまで，外国と深く関わりながら発展してきました。次のA〜Dの資料を読み，あとの各問いに答えなさい。

> **A**　朝鮮との交流は，豊臣秀吉の朝鮮出兵によってしばらく途絶えていましたが，その後，交流は回復され，将軍が代わるごとに使節が江戸を訪れるようになりました。この使節は12回来日し，各地で交流が行われました。
>
> **B**　古墳がつくられ始めたころ，中国や朝鮮半島から日本に移り住む人が多くいました。かれらは，（　あ　）とよばれ，新しい技術や文化を伝えました。
>
> **C**　政府は，不平等な条約の改正を目的とした使節団を，アメリカやヨーロッパに向けて送りました。かれらは，近代的な政治制度や工業などについて学び，帰国しました。
>
> **D**　聖徳太子の死後，蘇我氏をたおした中大兄皇子は，中国から帰国した留学生や僧らとともに，天皇を中心とした新しい国づくりをはじめました。このできごとを（　い　）といいます。

①　資料中の（　あ　），（　い　）にあてはまる語句を答えなさい。

②　Aの使節の名前を答えなさい。

③　Cについて，この使節団の一員で，初代内閣総理大臣になった人物の名前を答えなさい。

④　Dの後，中国の制度を手本にして，国を治めるための法律ができました。この法律を何というか答えなさい。

⑤　A〜Dを，年代の古い順にならべかえなさい。

（2）　日本の文化について，次のE〜Gの3つの資料について，あとの各問いに答えなさい。

E
> この世をば
> わが世とぞ思う
> もち月の
> かけたることも
> なしと思えば

G
> ああおとうとよ
> 君を泣く
> 君死にたまうことなかれ
> 末に生まれし君なれば
> 親のなさけはまさりしも
> 親は刃をにぎらせて
> 人を殺せと教えしや…

①　E，Fの作品の作者と，それが作られた時代を，それぞれ次のア〜オから1つずつ選び，記号で答えなさい。

　作　者：ア　天智天皇　　イ　雪舟　　　ウ　歌川広重　　エ　藤原道長　　オ　葛飾北斎

　時　代：ア　奈良時代　　イ　平安時代　ウ　鎌倉時代　　エ　室町時代　　オ　江戸時代

②　Eの作品が詠まれた時代には，日本の風土や生活にあった文化が生まれました。この文化を何といいますか。

③　Gは，与謝野晶子が戦地にいる弟を思い，戦争への疑問を表した作品です。多くの犠牲者を出したこの戦争の対戦国を次のア〜オから1つ選び，記号で答えなさい。

　ア　中国（清）　　　イ　アメリカ　　ウ　ロシア　　エ　イギリス　　オ　朝鮮

（3）　次のア〜カから第二次世界大戦後のできごとを5つ選び，年代の古いものから順に記号で答えなさい。

　ア　関東大震災がおこった　　　　イ　日本が国際連合に加盟した　　　ウ　第18回オリンピックが東京で開催された

　エ　日本国憲法が制定された　　　オ　沖縄が日本に返還された　　　　カ　サンフランシスコ平和条約が結ばれた

（4）　高度経済成長期に，国民の生活は大きく変化しました。このころに各家庭に普及した「三種の神器」とよばれるものを次のア〜カからすべて選び，記号で答えなさい。

　ア　自動車　　イ　白黒テレビ　　ウ　クーラー　　エ　電気洗濯機　　オ　電気冷蔵庫　　カ　電子レンジ

（5）　次の①〜④の建物の名前を語群から選び，記号で答えなさい。また，それぞれが位置する都道府県名を答えなさい。

　①　徳川家康をまつる神社

　②　東北地方の藤原氏が建てた阿弥陀堂

　③　鑑真が開いた寺

　④　平氏にゆかりが深く，世界遺産に登録された神社

　［語群］

　ア　平等院鳳凰堂　　　イ　東大寺正倉院　　ウ　唐招提寺　　エ　鹿苑寺金閣　　オ　日光東照宮

　カ　中尊寺金色堂　　　キ　厳島神社　　　　ク　慈照寺銀閣

2　右の地形図について，次の各問いに答えなさい。ただし，地形図の上は北を表すものとします。

（1）　次の①〜④の文を読み，地形図からわかることとして正しいものは○，間違っているものは×で答えなさい。
　①　蜂城山の頂上は，この地形図の中で最も高い場所です。
　②　博物館があります。
　③　神社は全部で3か所あります。
　④　東西に鉄道が通っています。

（2）　この地形図で多く見られる，♂の記号は何を表していますか。

（3）　京戸川はどの方角からどの方角へと流れていますか，次のア〜エから1つ選び，記号で答えなさい。
　ア　西から南東　　　イ　南東から西
　ウ　東から南西　　　エ　南西から東

（4）　点線Aで囲まれた部分のように，等高線が外側にふくらんでいる地形を何といいますか。

3　次の各問いに答えなさい。

（1）　資料1はハムの生産の流れを簡単に示したものです。このように，どのような原材料で，どのように加工され，どのようにして私たちのもとへ届くのかを記録し，明らかにするしくみを何といいますか。

資料1

1月12日 □×牧場から出荷	➡	1月13日 ◇○加工センターで加工	➡	1月15日 △□ハム工場で加工	➡	1月18日 ×△スーパーに出荷

（2）　資料2のあ〜えは，島根県，広島県，愛媛県，高知県のいずれかです。あ〜えにあてはまる県名をそれぞれ答えなさい。

資料2

県名	人口（万人）[2014]	くだものの産出額（億円）[2012]	製造品の生産額（億円）[2013]	県庁所在地の月別の平均降水量(mm) 1月	県庁所在地の月別の平均降水量(mm) 7月
あ	74	102	5,298	58.6	328.3
い	70	36	10,138	147.2	252.4
う	283	156	85,916	44.6	258.6
え	140	475	40,845	51.9	191.6

（3）　自動車について次の各問いに答えなさい。
　①　自動車の生産で多く使用される鉄は，鉄鉱石を原料としています。資料3は日本の鉄鉱石輸入量の国別割合を示したグラフです。Aにあてはまる国の国旗を次のア〜エから1つ選び，記号で答えなさい。

　②　愛知県豊田市は自動車生産が盛んな都市です。この豊田市をふくむ，工業地帯名を何といいますか。
　③　近年，二酸化炭素を排出しない電気自動車が普及しています。電気自動車は環境に優しいだけでなく，さまざまな点で注目されています。電気自動車が注目されている点を，防災の観点から説明しなさい。
　④　自動車の組み立て工場では，1つの工場ですべて生産するのではなく，必要な部品を，必要な時に，必要な量だけ関連工場に注文するなど，在庫を減らす工夫がされています。このようなしくみを何といいますか。

資料3

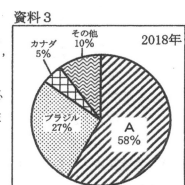

（4）　次のア〜オのうち，正しいものをすべて選び，記号で答えなさい。
　ア　日本の発電量は，水力発電によるものが最も多いです。
　イ　新潟県阿賀野川流域で発生したイタイイタイ病は，四大公害病の1つです。
　ウ　新聞やテレビなどのように，多くの人に一度に情報を送る方法をマスメディアといいます。
　エ　世界には6つの大陸と3つの海洋があります。
　オ　日本の森林面積は国土全体のおよそ3分の1をしめています。

（5）　資料4は，福島県の小名浜市場における水揚げに関わる表です。この表から読み取れる数値の変化を，背景とともに説明しなさい。

（6）　近年，人工知能（AI）の研究が進んできています。今後，さらにAIは実用化され，私たちの生活はより便利になるといわれています。しかし，さまざまな問題もあるといわれています。AIの実用化がもたらす問題点として，どのようなことがあるとあなたは考えますか，50字以上70字以内で書きなさい。

資料4

年度	H22	H23	H24	H25	H26	H27	H28
水揚金額（億円）	17.8	3.7	3.5	5.1	5.8	6.5	9.8
水揚量（千t）	10.9	4.2	4.3	3.7	5.4	6.4	8.2

※H22は平成22年3月〜23年2月，その他の年度は2月〜翌年1月。

社　会（そ　の　3）	受験番号	

（配点非公表）

（その1，その2，音楽とともに，11：20〜12：10）

1

		あ	
	①	い	
（1）	②		
	③		
	④		
	⑤	⇒　　　⇒　　　⇒	
（2）	①	E 作者 　　　　時代	
		F 作者 　　　　時代	
	②		
	③		
（3）		⇒　　⇒　　⇒　　⇒	
（4）			
（5）	①	記号	都道府県
	②	記号	都道府県
	③	記号	都道府県
	④	記号	都道府県

2

	①	
（1）	②	
	③	
	④	
（2）		
（3）		
（4）		

3

（1）		
（2）	あ	
	い	
	う	
	え	
（3）	①	
	②	
	③	
	④	
（4）		
（5）		
（6）		

家　　　庭	受験番号	

（配点非公表）

（図画工作とともに，１０：２０～１１：００）

1　みそしるについて，各問いに答えなさい。

（１）煮干しでだしを取る場合，煮干しの準備と火の強さを答えなさい。

準備	火の強さ

（２）作り方について『水が１人分１５０mL＋５０mL』と書かれていることがあります。下線部の理由を説明しなさい。

（３）油あげ・大根・ねぎの３つの実のなかで，最初に煮るのがよい実は何か答えなさい。その理由も説明しなさい。

実	理由

（４）みそを入れてふっとうしたらすぐ火を消します。この理由を説明しなさい。

（５）右の図はご飯とみそしるの置き方を示したものです。
　　『ご飯』と『みそしる』はどのように置けばよいか，○の中に書きなさい。

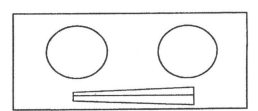

2　使わなくなったハンカチを使って，手ぬいでふくろを作ろうと考えました。各問いに答えなさい。

（１）手ぬいに必要な以下の用具の名前を答えなさい。

①　　　　　　　②　　　　　　　③　　　　　　　④

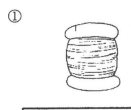 

（２）ぬうときにハンカチがずれないように，
　　まち針を３本うつことにしました。どの場所に
　　うてばよいか，＜まち針のかき方＞にならって
　　右の図に答えなさい。

＜まち針のかき方＞

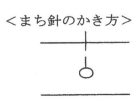 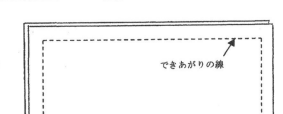

できあがりの線

（３）ふくろの底をじょうぶにするために適したぬい方を答えなさい。

（４）使わなくなったものをちがうのものに作りかえて使うことを，何というかカタカナで答えなさい。

3　買い物のしかたについて，各問いに答えなさい。

（１）商品の情報には値段以外に，どのようなものがあるか１つ答えなさい。

（２）お金以外で支払いに使えるものを１つ答えなさい。

図画工作	受験番号	

（配点非公表）

（家庭とともに，１０：２０～１１：００）

1　次の各文の（１）～（４）に当てはまる色の名前を，ひらがなで答えなさい。

・みどりは，きいろと（１）を混ぜてつくることができる。
・ももいろは，あかと（２）を混ぜてつくることができる。
・（３）は，あおとあかを混ぜてつくることができる。
・はいいろは，しろと（４）を混ぜてつくることができる。

（１）	
（２）	
（３）	
（４）	

2　【図1】について，次の各問いに答えなさい。

（１）この道具の名前を答えなさい。
（２）この道具は，主に何を切ったり曲げたりするものですか。
（３）この道具は，ものをつかむところと切るところがあります。図の①，②は，それぞれどちらですか。

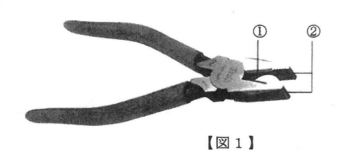

【図1】

（１）		
（２）		
（３）	①	
	②	

3　下の絵は球をえがいたものです。右のわくに，この絵と同じ大きさの球をえがき，それが白い紙の上に置かれているように表現しなさい。光の当たり方も，この絵と同じにしなさい。

[注意]

・わくの中に入るように，配置の仕方に注意すること。
・ものさしは使わず，フリーハンドでえがくこと。
・黒のえんぴつを使い，えんぴつのこいうすいで，立体的に表現すること。

音　楽	受験番号	

（配点非公表）

（社会とともに，１１：２０〜１２：１０）

1　以下の条件にしたがって，リズム譜を完成させなさい。

・　拍子記号をよくみて，１２小節以上のリズムをつくりなさい。

・　８分音符，８分休符を使い，その他の音符や休符も使いながら，曲として完成するように工夫しなさい。

・　「季節」に関する題名を【　　　】に，リズムを譜面に，自分で考えたことばを　　　　に，それぞれかきなさい。
　　ただし，どの音符にどのことばがあてはまるのかが，わかるようにかきなさい。

題名　【　　　　　　　　　　　　　　　　】

譜面　$\frac{4}{4}$

ことば

2　次の各問いに答えなさい。

（1）右の記号の名前を答えなさい。　　　　　　　＜　（　　　　　　　　　　　）

（2）右の音符についた記号の名前を答えなさい。 　　　　　（　　　　　　　　　　　）

（3） 　と同じ高さの音を右の五線に４分音符を使ってかきなさい。

体　育　実　技

（配点非公表）

１．２０ｍ往復走
２．立ち幅跳び
３．マット運動　連続
　（後転→前転→開きゃく前転）
４．鉄棒運動　連続
　（さかあがり→うでたて前転→前回りおり）
５．ハードル層
　（高さ５０ｃｍ，　４台）
６．バスケットボール
　（ボールを受ける→ドリブル→シュート）
７．サッカー
　（ボールを止める→ドリブル→シュート）

令和２年度は，　２，　３，　６　を実施。

一　次の文章を読み、後の問いに答えなさい。記号も一字と数えて答えること。

（その二、その三とともに、九・三〇〜一〇・〇〇）

（配点非公表）

あの本のことをおもいだして、書庫をさがしてみたが、いつのまにかなくしてしまったらしく、みあたらなかった。メレジュコーフスキイの『神々の復活』という本である。

わたしがこの本をよんだのは、高等学校の学生のときで、もう二〇年以上もまえのことである。①あるいは、いまでも新版がでているかもしれないとおもっていたが、岩波文庫の目録をめくってみたが、絶版になったのか、でていなかった。

それは、レオナルド・ダ＝ヴィンチを主人公にした長編小説である。ひじょうな感動をもってよみおえたことを、いまでもおぼえているが、なにぶんむかしのことだから、具体的な内容については、おおかたわすれてしまった。

そのなかで、ただひとつだけ、たいへん鮮明におぼえていることがある。それは、ダ＝ヴィンチの手帳のことである。もっと正確にいえば、じつはその手帳の話がつなぎになって、こんなむかしによんだ本のことが、いまでもわたしの記憶のなかに、ときどきよみがえってくるのである。作者のメレジュコーフスキイが、どの程度に史実にもとづいてこの小説をかいたのか、わたしはしらない。しかし、とにかくわたしは、この本をなかだちにして、レオナルド・ダ＝ヴィンチから「手帳」をもらったのである。

『神々の復活』にでてくるダ＝ヴィンチは、もちろん、よくしられているとおりの万能の天才である。町をあるいていて、であったひとの顔の特徴をかきこむ。お弟子が買いものにいってかえってくると、いちいち品物の値段をきいて、かきこむ。まったく、なんの役にもたちそうもないことまで、克明にかきこむのである。

高校生だったわたしには、この偉大な天才の全容は、とうてい理解できなかったけれど、かれがその手帳になんでもかきこむことのあいだには、たしかに関係があると、わたしは理解したのである。それでわたしは、ダ＝ヴィンチの偉大なる精神にみずからをちかづけるために、わたしもまた手帳をつけることにした。

ところで『神々の復活』に感動したのは、わたしばかりではなかった。幾人かのしたしい友人のグループがあったが、みんなつぎつぎにこの本をよんで、それぞれにつよく感動した。青年たちは、ダ＝ヴィンチの偉大なる精神に魅せられて、それぞれにその偉大さに、一歩でももちかづこうとしたようである。

ただ、その接近法は、ひとによってちがっていた。いまは東京工大の教授になっている川喜田二郎君などは、そのときのグループのひとりだが、かれはもともと左ききだった。ダ＝ヴィンチが左ききだったという事実は、かれをダ＝ヴィンチにむすびつけるおおきな力となっていった。かれは、『神々の復活』をよんで以来、左手で画をかくのが目だってうまくなったようだ。青年たちは、しばしば、こういうふうな②アイデンティフィケーションをこころみるものだ。話によれば、岡本太郎氏は、わかいときにおもったそうである。

③古来、天才には猪首がおおい。おれは猪首だ。したがって、おれはやっぱり天才なんだと。そこで、川喜田君は左ききであることによって天才になろうとこころみたのである。

わたしとともに、なんにんもの友人たちが、おなじ道をえらんだ。④わかき「天才たち」は、ポケットから大型の手帳をとりだして、しきりになにやらをかきつけている。

ポケットに手帳をしのばせていて、ときどき必要事項を記入する、というほどのことなら、現代では、たいていのひとがやっている。知人の電話番号をひかえたり、つぎの会合の時間と場所をしるしたりするのである。こういうメモなしには、いそがしい現代の社会生活を、さしさわりなくいとなんでゆくことは、むつかしくなってきている。それで、そういう目的のためには、さまざまなふうをこらした手帳がつくられている。

しかし、わたしたちがレオナルド・ダ＝ヴィンチからまなんだ〈手帳〉というのは、そういうものとはまったくちがうのである。わたしたちがかいたのは、「発見」である。毎日の経験のなかで、なにかの意味で、これはおもしろいとおもった現象を記述するのである。⑤あるいは、自分の着想を記録するのである。それも、心おぼえのために、みじかい単語やフレーズをかいておくというのではなく、ちゃんとした文章でかくのである。ある意味では、それはそのままでちいさな論文──ないしは論文の草稿──となりうるような性質のものであった。すくなくともそういう体裁をととのえている。

⑥豆論文を、毎日、いろいろな現象をとらえて、つぎつぎとかいてゆくのである。たまってみると、それは、わたしの日常生活における知的活動の記録というようなものになっていった。

（梅棹忠夫『知的生産の技術』岩波新書　出題にあたり一部改編した部分がある）

（注）
・メレジュコーフスキイ…ロシアの詩人。
・幾人…何人。　・猪首…太く短い首。
・レオナルド・ダ＝ヴィンチ…十五から十六世紀にかけて芸術や科学など様々な分野に業績を残した人物。
・草稿…文章の下書き。

1　──①「あるいは」と──⑤「あるいは」はちがった意味で用いられています。ちがいがわかるように説明しなさい。

2　──②「アイデンティフィケーション」の意味として最も適当なものを次のア〜エの中から選び、記号で答えなさい。
ア　あるものに偏見をもち、考えから除外して考えること
イ　あるものに対し敬意の念をもって接していくこと
ウ　あるものを自分の中で書きかえ、想像して作り出すこと
エ　あるものと自分を同一視し、取り入れようとすること

3　この文章では次の一段落がぬけています。この一段落が入る位置の直前の五字をぬき出しなさい。

わたしはこうして、手帳をつけるという習慣を獲得し、その習慣は、二十数年後のいまでも、きえることなくつづいている。

（※国語と算数は1次テスト，他の教科は2次テストで実施）

④「かれの考え方の筋道を簡単に表すと「天才は猪首だ／おれは猪首だ／だからおれは天才だ」という形になるってことだよね。」とあります。この部分について話している二人の会話を読み、後の問いに答えなさい。

③「古来、天才には猪首がおおい。おれは猪首だ。したがって、おれはやっぱり天才なんだと。」とあります。

天王寺君：かれの考え方の筋道を簡単に表すと「天才は猪首だ／おれは猪首だ／だからおれは天才だ」という形になるね。

寺田さん：そうだね。同じ筋道で他の例を出すと「　□　」になるってことだよね。

天王寺君：そうだね。でも、それだったら、岡本太郎さんの考え方の筋道は何かがおかしい気がする。

寺田さん：ほんとうだ。どうおかしいのだろう。

a 　□　に入る言葉として最も適当なものを次のア〜ウの中から選び、記号で答えなさい。

ア ペンギンは鳥である／ペンギンは卵を産む／だから鳥は卵を産む

イ 鳥は卵を産む／ペンギンは卵を産む／だからペンギンは鳥である

ウ 鳥は卵を産む／だからペンギンは卵を産む／ペンギンは鳥である

b 天王寺君と寺田さんは「天才は猪首だ／おれは猪首だ／だからおれは天才だ」という考えの筋道の誤りに気づきました。どう誤っているか、最も適当なものを次のア〜エの中から選び、記号で答えなさい。

ア 猪首の全てが天才であるので、猪首でない天才はいないと言える。

イ 天才の全てが猪首であったとしても、猪首の全てが天才であるとは言っていない。

ウ 天才の全てが猪首であるとしても、おれが猪首であるとは言っていない。

エ おれが天才であったとしても、猪首によるものではないと言える。

5 ④「しきりに」の意味として最も適当なものを次のア〜エの中から選び、記号で答えなさい。

ア なんども　　イ くわしく　　ウ 一気に　　エ 定期的に

6 ⑥「豆論文」とありますが、同じ意味で用いられている「豆」がふくまれている熟語を次のア〜エの中から選び、記号で答えなさい。

ア 豆大福　　イ 豆鉄砲（まめてっぽう）　　ウ 豆電球　　エ 豆粒（まめつぶ）

7 手帳と〈手帳〉のちがいがわかるように五十字以上六十字以内で説明しなさい。

（解答欄：50　60）

8 この文章の内容として不適当なものを次のア〜エの中から選び、記号で答えなさい。

ア メレジュコーフスキイは手帳の重要性を伝えるために『神々の復活』を書いた。

イ わたしは論文作成のためだけに手帳をつけることを行っていたのではない。

ウ 岡本太郎はダ＝ヴィンチに感動し、自分自身の考え方を確立した。

エ 川喜田二郎はアイデンティフィケーションをこころみ、手帳をつけはじめた。

二 次の各組の A・B には同じ漢字一字が入ります。 A は音読み、 B は訓読みになるように考えて答えなさい。

1 夕飯を A 発する。　 B ってご参加ください。

2 品物を A 産する。　採った野菜を B る。

3 隊を B いる。　 A 直に言う。

4 A 島がみえる。　まだ道は B ばだ。

5 森を探 A する。　 B しい道のりを進む。

6 街を B める。　 A 水の工事を行う。

（解答欄 1　2　3　4　5　6）

受験番号

三　人間の成長は今日まで様々なものごとにたとえられてきました。たとえば「花開く」や「芽が出る」などです。
「成長すること」を次の①〜④のいずれかにたとえ、自分の考えを一六〇字以上二〇〇字以内で作文しなさい。次のマスは
原稿用紙と同じ使い方をすること。①〜④のどれを選んだかを後の　　　に書きこんだ上で本文を書きなさい。

①山びこを聞く　　②海にもぐる　　③星を見る　　④火をおこす

番号

100　　　　　　　50

200　　　　　　　150

平成31年度　一般入試

算　数（その１）	受験番号	

（配点非公表）

（その２とともに，１０：２０～１１：００）

余白は，途中の計算の式などに使ってよろしい。

1　次の計算をしなさい。

(1) $(7.3 \times 0.25 - 4.2 \times 0.25) \times 40$

(2) $2.5 \div 2\frac{1}{9} \div 1\frac{1}{8}$

(3) $75 + 25 \times (98 - 13) \div 17$

2　８段の階段があります。上るときは，次の２つの方法の１つだけを用いてもよいし，組み合わせてもよいものとします。

【方法１】１段上る。
【方法２】２段上る。（１段とばし）

(1) ４段目まで上るとき，上り方は何通りありますか。

　　　　　　　　通り

(2) ８段目まで上るとき，上り方は何通りありますか。

　　　　　　　　通り

3　次の問いに答えなさい。

(1) □に当てはまる整数は何ですか。

$$\frac{17}{22} < \frac{\square}{32} < \frac{19}{24}$$

(2) ある国のファストフード店では，Aセットを買って店外で食べる場合，５％の消費税を含めて６．７２ポンドの料金となります。しかし，Aセットを店内で食べる場合は消費税が異なり，店外で食べる場合の $\frac{8}{7}$ 倍の料金になります。店内で食べる場合の消費税は何％ですか。

　　　　　　　　％

(3) 図１は，事典を直方体とみなして模式的に表したものです。また，図２は，その事典をちょうど真ん中のページで開いた状態を模式的に表したもので，図２で用いた線は，直線または円の一部です。

【図１】

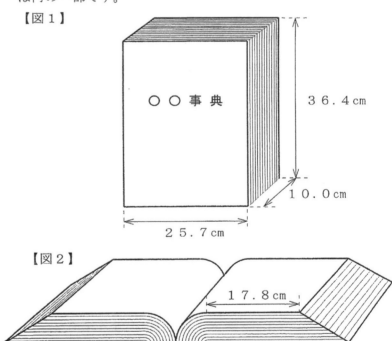

○○事典
３６．４cm
１０．０cm
２５．７cm

【図２】
１７．８cm

図２に示した通り，開いたページのふちが直線になっている部分の長さを測ったところ，１７．８cmでした。これを基にした場合，円周率の値はいくらになりますか。

算　数（　そ　の　２　）	受験番号	

（その1とともに，10：20～11：00）

余白は，途中の計算の式などに使ってよろしい。

4　A地点とB地点の間の一本道をバスが往復しています。ある日，バスが8時30分にB地点を出発しました。バスがB地点を出発して8分後に，はるかさんは自転車に乗って分速300mで，A地点からB地点に向かいました。はるかさんは自転車に乗って16分後にバスとすれ違いました。バスはA地点に着いてから3分後にB地点に向かって出発し，はるかさんとすれ違ってから24分後にはるかさんに追いつきました。

(1)　バスの速さは，時速何kmですか。

時速		km

(2)　はるかさんは何時何分にB地点に着きますか。

時		分

5　ある店で2種類のコーヒー豆A，Bが売られており，豆の重さ x gと代金 y 円の関係をグラフに表すと下のようになりました。

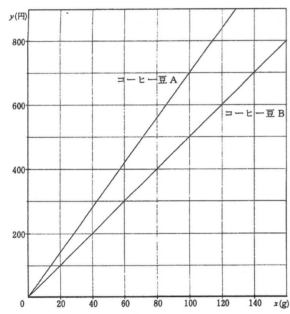

(1)　コーヒー豆Aを120g購入したときの代金を求めなさい。

	円

(2)　2種類のコーヒー豆AとBをある割合で混ぜあわせたブレンドコーヒーは，600gで3500円です。
① ブレンドコーヒーの豆の重さ x gと代金 y 円の関係を，上のグラフにかきなさい。

② ブレンドコーヒーに含まれているコーヒー豆AとBの割合をもっとも簡単な整数の比で表しなさい。

	：	

6　下の図は，正六角形に対角線を5本かいたものです。

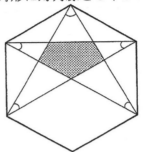

(1)　印をつけた5つの角の大きさの和を求めなさい。

	度

(2)　色を付けた部分の面積は，正六角形の面積の何倍ですか。

	倍

7　下の図は，段差のある水そうです。底面は正方形で，他の面は，底面に対して垂直か平行になっています。この水そうを図のように，底面に垂直な厚みのない仕切りを設けて，底面を2つの三角形に分けました。
　この水そうに，注水口から一定の割合で水を入れ始め，35分間で満水になったので水を止めました。途中，水そうのAの部分の水面が，12分間上昇しませんでした。

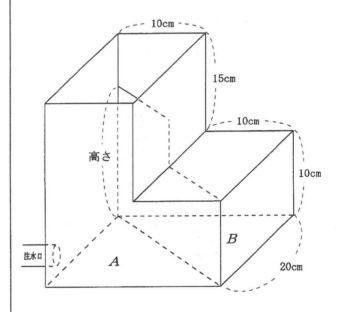

(1)　水は，毎分何cm³の割合で注水されていますか。

毎分		cm³

(2)　図に示した仕切りの高さは，何cmですか。

	cm

理科（その１）	受験番号	

（配点非公表）

（その２とともに，９：３０～１０：００）

1 次の各問いに答えなさい。答えは，下の〈解答らん〉に記入しなさい。

（１）　ホウセンカの種をまいて芽が出た後，はじめに広がる葉を何といいますか。

（２）　心臓の周期的な動きが血管を伝わり，手首などで感じることのできる動きを何といいますか。

（３）　南の空を観察するように星座早見を持ったとき，星座早見に向かって右側に表示されている方位は，東西南北のうちどれですか。

（４）　メダカの卵の変化の順番が正しくなるように，次のア～カを並べかえなさい。
　　　ア　からをやぶってメダカの子が出てくる。　　イ　卵の中でさかんに動く。　　ウ　心臓の動きや血液の流れがわかる。
　　　エ　体の形がわかるようになる。　　オ　目や心臓ができてくる。　　カ　とう明な卵の中にあわのようなものが見える。

（５）　実験室や実験器具の使い方で正しいものを，次のア～オからすべて選び，記号で答えなさい。
　　　ア　火を使う実験では，かわいたぞうきんを用意する。
　　　イ　アルコールランプのしんは１cm出すのがよい。
　　　ウ　アルコールランプを消すときは，ななめ上からふたをする。
　　　エ　口のひろいガラス器具はスポンジをつかって底まで洗う。
　　　オ　ガスバーナーの火を消すときは，ガスのねじ，空気のねじ，元せんの順番に閉じる。

（６）　建物を建てるとき，地下の様子を調べるために，地面にパイプを深く打ちこんで，ほり取った土のことを何といいますか。

（７）　空気について述べた次のア～エのうち，誤っているものをすべて選び，記号で答えなさい。
　　　ア　閉じこめた空気はおし縮めると，おし返す力も減る。
　　　イ　エアコンで暖ぼうしているとき，ふき出し口は下に向けているほうが部屋が効率よく暖まる。
　　　ウ　火のついたろうそくを集気びんの中に入れ，ふたをした。ろうそくの火が消えた後の空気の成分の割合で，２番目に多いのは酸素である。
　　　エ　上にふたをせずに，集気びんの中でろうそくを燃やすと，すぐに消えた。

（８）　日本で日の入り直後に南の空に見られる月は，どのような形をしていますか。次のア～オから適切なものを１つ選び，記号で答えなさい。
　　　ア　向かって右側が明るい三日月　　　イ　向かって右側が明るい半月　　　ウ　満月
　　　エ　向かって左側が明るい半月　　　オ　新月

（９）　ふりこが１往復する時間を短くするには，何をどのように変えればよいですか。ただし，ふれはばとおもりの大きさは同じであるとします。

（10）　観察したいものをスライドガラスにのせ，カバーガラスをかけたものを何といいますか。

（11）　虫眼鏡と黒い紙のきょりを10cmにして日光を集めると，明るい点となりすぐに紙がこげました。虫眼鏡と紙のきょりを３分の１にすると，明るい部分の大きさや明るさはどうなりますか。次のア～オから適切なものを１つ選び，記号で答えなさい。
　　　ア　大きくなり，より明るくなる。　　　イ　大きくなり，暗くなる。　　　ウ　大きさも明るさも変わらない。
　　　エ　小さくなり，より明るくなる。　　　オ　小さくなり，暗くなる。

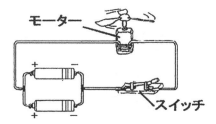

（12）　塩酸，石灰水，アンモニア水，炭酸水，食塩水のうち，青色リトマス紙を赤色に変化させ，加熱して蒸発させたときに，何も残らないものをすべて選びなさい。

（13）　地層の中に残された生物や，それらの生活のあとのことを何といいますか。

（14）　右図のように，２個のかん電池を並列につなぎ，スイッチとモーターを入れた回路をつくりました。この回路を電気用図記号で表しなさい。

（15）　モンシロチョウの幼虫は，さなぎになる準備として体に糸をかけるまでに，何回皮をぬぎますか。

〈解答らん〉

（1）		（7）		（12）	
（2）		（8）			
（3）		（9）		（13）	
（4）				（14）	
（5）		（10）			
（6）		（11）		（15）	

理科（その２）	受験番号	

（その１とともに，９：３０～１０：００）

2 水を熱したときの変化について調べてみました。あとの各問いに答えなさい。

〔実験〕水を入れた丸底フラスコを用いて，右図のような装置を組み立てた。そして，水を熱した時間と水の温度を調べ，表に示した。

（１）　加熱する前に丸底フラスコの中にふっとう石を入れました。その理由を答えなさい。

（２）　右の表の値を用いて，熱した時間を横じくに，上昇した温度をたてじくにとったグラフに表しなさい。ただし，上昇した温度とは，最初の水の温度から変化した値とします。

（３）　このまま熱し続けると，上昇した温度はどのように変化していきますか。ただし，温度計の液だめは常に水中にあったものとします。

（４）　この実験で，水を熱し始めてから表の22分までに，フラスコ内でさまざまな変化が見られました。そのときの様子を，か条書きで説明しなさい。

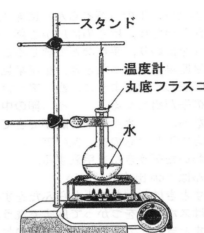

熱した時間	水の温度
0分	18℃
2分	27℃
4分	43℃
6分	57℃
8分	67℃
10分	76℃
12分	85℃
14分	90℃
16分	96℃
18分	98℃
20分	98℃
22分	99℃

（１）		（３）	
（２）		（４）	

3 植物には，生きていくために，二酸化炭素を取り入れて酸素を出す，というはたらきがあります。そのはたらきを確かめるための実験について，あとの各問いに答えなさい。ただし，下の〔実験〕には，と中までしか方法を示していません。

〔実験〕晴れた日の朝，ホウセンカを植えた鉢に，とう明なふくろをかぶせて閉じ，穴を開けて①ストローで息をふきこんだ。そして，②セロハンテープで穴をふさいだ。次に気体検知管を用いて，ふくろの中の酸素や二酸化炭素の割合を調べた。

（１）　下線部①・②を行った理由を，それぞれ説明しなさい。

（２）　この実験では，酸素用と二酸化炭素用の２種類の気体検知管を使用します。酸素用の気体検知管を使用するときにのみ，注意しなければならないこととは何ですか。

（３）　〔実験〕の方法の続きを，か条書きで順に説明しなさい。

（１）	①	（２）	
	②	（３）	

1　次のさくらさんと先生の会話文を読んで，あとの各問いに答えなさい。

先　生：昨年の11月，大阪が2025年の**a**国際博覧会（万博）の開催地に選ばれました。2020年に開催される**b**東京オリンピックとともに，世界中から多くの人が来日し，盛り上がることが期待されています。

さくら：大阪での万博は2回目だと聞きました。1回目はいつごろ開催されたのですか。

先　生：1回目は，**c**1970年に開催され，世界中から6,400万人以上もの人が来場しました。1964年に開催された東京オリンピックとともに，日本中が大いに盛り上がりました。

さくら：具体的には日本がどう変わったのですか。

先　生：1964年には**d**東海道新幹線が開通するなど，鉄道や道路の整備が急速に進みました。

さくら：なるほど。今回の大阪万博のテーマは「いのち輝く未来社会のデザイン」だと聞きました。日本の最先端技術を発信し，日本の製品が今以上に世界中に広がっていってほしいですね。

先　生：そうですね。世界の国ぐにを結ぶ**e**貿易は，ますますさかんになっています。最近では，**f**おたがいに（　　　）をかけない，自由な貿易の進め方について世界の国どうしで話し合いが行われています。

（1）　下線部**a**について，前回日本で万博が開催されたのは，2005年でした。この時に万博が開催された都道府県について，次の各問いに答えなさい。

　　①　この都道府県庁所在地名を漢字で答えなさい。

　　②　資料1は，①とその他2つの都道府県庁所在地の月別平均気温と降水量を表しています。①のグラフとして正しいものを資料中の**ア**〜**ウ**から1つ選び，記号で答えなさい。

[資料1]

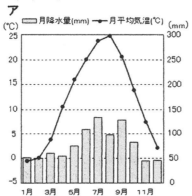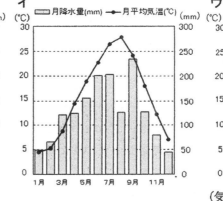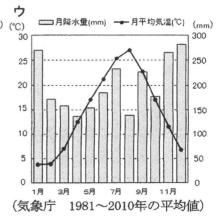

（気象庁　1981〜2010年の平均値）

（2）　下線部**b**について，2020年の東京オリンピックは，日本で4度目の開催となります。資料2中の**X**〜**Z**は，これまでに日本でオリンピックが開催された3都市（夏季・冬季どちらもふくむ）がある都道府県の人口，人口密度，農業産出額，工業出荷額を表しています。**X**〜**Z**のうち，平成にオリンピックが開催された都市をふくむ都道府県として正しいものを1つ選び，記号で答えなさい。

[資料2]

都道府県	人口（万人）	人口密度（人／km²）	農業産出額（億円）	工業出荷額（億円）
X	535	68	12,115	66,728
Y	1,362	6,264	286	81,594
Z	209	153	2,465	54,548

（総務省・経済産業省　2016年）

（3）　下線部**c**について，このころの日本では，公害が社会の問題になっていました。これについて，次の各問いに答えなさい。

　　①　1967年に，公害の種類や守るべき基準などを定めた法律がつくられました。この法律を何といいますか。

　　②　このころに採択された，水鳥などが集まる湿地の生態系を守ることを目的とした条約を何といいますか。

　　③　大切な自然や建物を守るために，募金を集めて土地や建物を買い取り保存していく運動を，特に何といいますか。

（4）　下線部**d**について，次の**ア**〜**オ**は，東海道新幹線が通過する主な地名や地形名です。新大阪から東京まで移動した時に通過する順番に並びかえ，記号で答えなさい。

　　ア　富士川　　　**イ**　濃尾平野　　　**ウ**　天竜川　　　**エ**　関ヶ原　　　**オ**　箱根

（5）　下線部**e**について，日本の貿易に関する次の各問いに答えなさい。

　　①　日本では，海外の国からの輸入額が，年ごとに増えてきています。2017年における日本の最大の輸入相手国を答えなさい。

　　②　日本と西アジアの国ぐにとの間では，日本の輸出額に比べて，日本の輸入額が極端に大きくなっています。その理由を簡単に説明しなさい。

（6）　下線部**f**について，次の各問いに答えなさい。

　　①　下線部中の（　　　）に当てはまる語句を，漢字2字で答えなさい。

　　②　日本において，自由な貿易が進むことの長所と短所を，それぞれ簡単に答えなさい。

（その1，その3，音楽とともに，11：20～12：10）

2 次のA～Cの各文を読んで，あとの各問いに答えなさい。

A 3世紀後半に成立した大和政権の勢力は，稲荷山古墳出土の鉄剣や熊本県の（ ① ）古墳出土の鉄刀と，前方後円墳の分布から，5世紀には，九州地方から東北地方南部におよんでいたことがわかります。6世紀の終わりに，（ ② ）天皇の摂政となったa聖徳太子は，仏教をあつく信仰し，中国や朝鮮に学んで天皇を中心とする政治体制を整えようとしました。8世紀の初めには，国を治めるための法律ができあがり，人びとは稲の収穫高の約3％を（ ③ ）として納める税などを負担しました。8世紀の終わりにb都が平安京に移されると朝廷の政治は一部の有力な貴族が動かすようになりました。

（1） 文中の空らん①～③に当てはまる語句や人物名を，それぞれ答えなさい。

（2） 下線部aについて，これよりもあとにおきた次の出来事を古い順番に並びかえ，記号で答えなさい。

　　ア 東大寺の大仏が完成する　イ 日本書紀が完成する　ウ 都が平城京に移される　エ 大化の改新が始まる

（3） 下線部bについて，平安時代の出来事として正しいものを次から2つ選び，古いものから順番に記号で答えなさい。

　　ア 平清盛が武士としてはじめて太政大臣となり，栄との貿易を進めるために兵庫の港を整えました。

　　イ 農民の負担は重たく，山上憶良が貧窮問答歌で農民の気持ちをよみました。

　　ウ 菅原道真の意見などにより遣唐使がとりやめになり，大和絵など日本風の文化が栄えました。

　　エ 天智天皇の死後，あとつぎをめぐって大海人皇子と大友皇子の間で戦いがおこりました。

B 京都の慈照寺の中にc銀閣があります。銀閣が建てられた時代には，（ ④ ）によって水墨画が完成されました。日本の伝統芸能である能は，（ ⑤ ）の保護を受けた観阿弥・世阿弥の親子によって大成されました。佐賀県や山口県には，（ ⑥ ）が2度にわたって朝鮮に大軍を送った際に連れてこられた人びとよって伝えられた焼き物の技術が，現在まで受け継がれています。

（4） 文中の空らん④～⑥に当てはまる人物名を，それぞれ答えなさい。

（5） 下線部cについて，これが建てられたころの出来事を次から1つ選び，記号で答えなさい。

　　ア 仏教がすたれ，現世が終わってしまうのではないかという不安や末法の考え方が社会に広まりました。

　　イ 鉄砲を効果的に使った戦法で，当時最強といわれた武田軍の騎馬隊が破れました。

　　ウ 現在の北海道地方に住んでいたアイヌの人びとが，シャクシャインをリーダーとして幕府に抵抗しました。

　　エ 将軍のあとつぎをめぐって大名が二手に分かれて対立し，争いは地方へも広がり11年間におよぶ大きな戦乱がおこりました。

C 1853年の夏に，ペリー率いる4せきの軍艦が現れ，日本に開国を求めました。アメリカの武力をおそれた幕府は，要求を受け入れ，d日米和親条約を，そしてe日本にとって不平等な（ ⑦ ）条約を結びました。開国して貿易が始まると，f国内の経済は混乱し，g武士の中でも，幕府をたおして天皇を中心とした政府をつくろうとする動きがおこりました。このような動きにおされた15代将軍は，h1867年に政権を朝廷に返し，その後成立した新政府によってさまざまな改革が進められました。世界に歩みだした日本は，殖産興業や文明開化によって欧米諸国に追いつこうとしました。1904年の日露戦争では，多くの戦死者を出しながらも勝ち進み，（ ⑧ ）の指揮する艦隊は，日本海海戦でロシアの大艦隊を破りました。その後の条約改正や科学の発展を通して，日本の国際的地位の向上が図られました。

（6） 文中の空らん⑦と⑧に当てはまる語句や人物名を，それぞれ答えなさい。

（7） 下線部dとeについて，これらの条約で共通して開港された港はどこですか。

（8） 下線部eについて，どのような点が不平等であったか説明しなさい。

（9） 下線部fについて，どのような混乱がみられたか簡単に説明しなさい。

（10） 下線部gについて，長州藩出身で岩倉使節団に同行し，五箇条の御誓文を作成したことでも有名な人物は誰ですか。

（11） 下線部hについて，これよりもあとにおきた次の出来事を古い順番に並びかえ，記号で答えなさい。

　　ア 満州事変がおこる　イ 西南戦争がおこる　ウ 廃藩置県が行われる　エ 大日本帝国憲法が発布される

3 カジノをふくむ統合型リゾート実施法案が成立しました。これについて，次の各問いに答えなさい。

（1） 統合型リゾートの略称をアルファベット2字で答えなさい。

（2） カジノをふくむ統合型リゾートの誘致には，賛成の意見と反対の意見があります。あなたは誘致に賛成ですか，反対ですか，その理由もふくめて50字以上で具体的に記述しなさい。

平成31年度　一般入試

社　会（その　3）	受験番号	

（配点非公表）

（その1，その2，音楽とともに，11：20〜12：10）

1

(1)	①	
	②	
(2)		
(3)	①	
	②	
	③	
(4)	⇒　　⇒　　⇒　　⇒	
(5)	①	
	②	
(6)	①	
	② 長所	
	② 短所	

(4)	④	
	⑤	
	⑥	
(5)		
(6)	⑦	
	⑧	
(7)		
(8)		
(9)		
(10)		
(11)	⇒　　⇒　　⇒	

2

(1)	①	
	②	
	③	
(2)	⇒　　⇒　　⇒	
(3)		

3

(1)	
(2)	

2019(H31) 大阪教育大学附属天王寺中

教英出版　社3の3

家　　庭	受験番号	

（配点非公表）

（図画工作とともに，10:20〜11:00）

1　下の図は，野菜いための作業手順を示しています。①〜⑤の図は何を表している作業ですか。下の語群から選んで書きなさい。

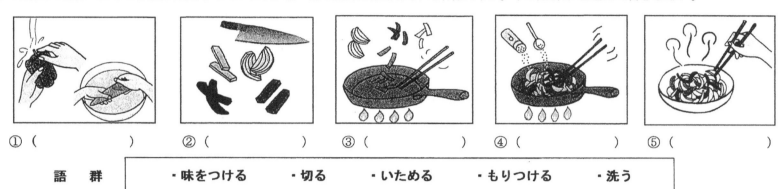

①（　　　　　）　②（　　　　　）　③（　　　　　）　④（　　　　　）　⑤（　　　　　）

語　群　　・味をつける　　・切る　　・いためる　　・もりつける　　・洗う

2　下の図は，調理する時の切り方を示しています。①〜⑤の図に示された切り方を，それぞれ（　　　）に書きなさい。

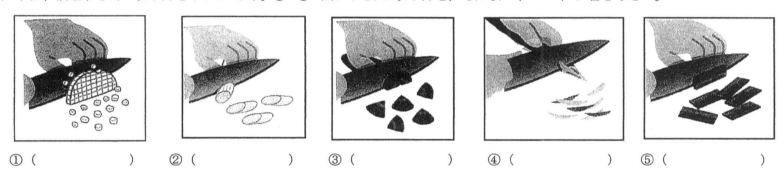

①（　　　　　）　②（　　　　　）　③（　　　　　）　④（　　　　　）　⑤（　　　　　）

3　食べ物には水からゆでるものと，沸騰させた湯に入れてゆでるものがあります。⑦〜⑦の食べ物をどちらかに分類して記号で書きなさい。

⑦　ほうれん草　　⑦　だいこん　　⑦　ブロッコリー　　⑦　じゃがいも　　⑦　キャベツ

水からゆでる		湯に入れる	

4　下の図は，手縫いの時の表裏の縫い目がわかる写真と横から見た図です。（1）〜（3）の縫い方の名前を　　　　　に書きなさい。

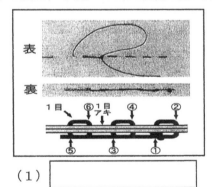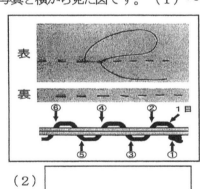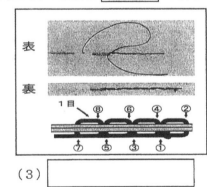

（1）　　　　　　　　（2）　　　　　　　　（3）

5　ごみや不用品の処理と利用方法について，各問いに答えなさい。

（1）家庭から出るごみの量を少なくするには，どのようにすれば良いですか。例を読んで，それ以外を2つ書きなさい。

　　例：よぶんなものは，買わないようにする。

（2）ごみや不用品の中には，古新聞や古雑誌のように，工場で資源として再利用することができるものがあります。ほかにどのようなものがありますか。2つ書きなさい。

（3）古新聞や古雑誌を資源として再利用すると，環境にはどのような影響がありますか。

図画工作	受験番号	

（配点非公表）

（家庭とともに，１０：２０～１１：００）

1　右の図の３つの立体（円柱・三角柱・球）を用いて，下のわくの中に，次の５つの条件すべてにあうようにえがきなさい。

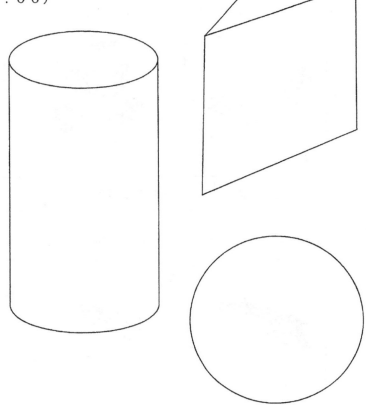

・三角柱が一番前に，球が真ん中に，円柱が一番後ろになるように配置しなさい。
・３つの立体はどのような向きに置いてもよいが，かならず平面上に置きなさい。
・３つの立体を右ななめ上から見たときの様子を，立体的にえがきなさい。なお，立体と立体がかさなってもよろしい。
・３つの立体の大きさは，右の図とできるだけ同じ大きさでえがきなさい。
・左上から光があたっていると考えて，かげをつけなさい。

［注意］
・わくの中に入るように配置の仕方に注意すること。
・フリーハンドでえがくこと。
・黒のえんぴつを使うこと。

（配点非公表）

平成 31 年度　一般入試

音　楽	受験番号	

（配点非公表）

（社会とともに，１１：２０～１２：１０）

1　次の①～⑤の指示にしたがって，リズム譜（ふ）を完成させなさい。

① 拍子（ひょうし）記号をよくみて，リズムをつくりなさい。

② １２小節以上のリズムをつくりなさい。

③ ８分音符（おんぷ），８分休符（きゅうふ）も使いなさい。

④ リズムに合うように，題名を考えて【　　　　　　】にかきなさい。

⑤ リズムと題名に合うように，ことばを自分で考えて［　　　　　］の中にかきなさい。
ただし，どの音符に，どのことばがあてはまるのかがわかるようにかきなさい。

題名【　　　　　　　　　　　　　　　　】

$\frac{3}{4}$

ことば［　　　　　　　　　　　　　　　　　　　　　］

［　　　　　　　　　　　　　　　　　　　　　　　　］

［　　　　　　　　　　　　　　　　　　　　　　　　］

2　次の各問いに答えなさい。

（１） 右の記号の名前を答えなさい。　***mf***　（　　　　　　　　　　）

（２） 右の記号の名前を答えなさい。 （　　　　　　　　　　）

（３） と同じ高さの音を右の五線に４分音符を使ってかきなさい。

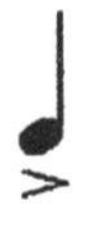

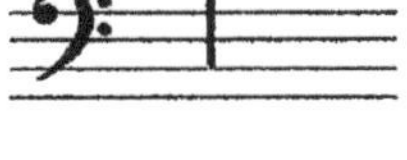

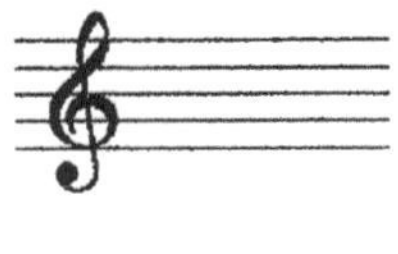

体 育 実 技

（配点非公表）

1．２０ｍ往復走
2．立ち幅跳び
3．マット運動　連続
　　（後転→前転→開きゃく前転）
4．鉄棒運動　連続
　　（さかあがり→うでたて前転→前回りおり）
5．ハードル走
　　（高さ５０ｃｍ，　４台）
6．バスケットボール
　　（ボールを受ける→ドリブル→シュート）
7．サッカー
　　（ボールを止める→ドリブル→シュート）

　　平成３１年度は，　　　２　，　３　，　５　，　７　を実施。